楚河说历史

元明清

楚河 / 著　子鸪坊插画 / 绘

中信出版集团 | 北京

图书在版编目（CIP）数据

楚河说历史．元明清／楚河著；子鹇坊插画绘．--
北京：中信出版社，2020.9
ISBN 978-7-5217-1989-5

Ⅰ．①楚… Ⅱ．①楚… ②子… Ⅲ．①中国历史－元代－青少年读物②中国历史－明清时代－青少年读物
Ⅳ．① K209

中国版本图书馆 CIP 数据核字（2020）第 107702 号

楚河说历史·元明清

著　　者：楚河
绘　　者：子鹇坊插画
出版发行：中信出版集团股份有限公司
（北京市朝阳区惠新东街甲4号富盛大厦2座　邮编　100029）
承 印 者：天津联城印刷有限公司

开　　本：889mm × 1194mm　1/32　　印　　张：4.5　　字　　数：72千字
版　　次：2020年9月第1版　　印　　次：2020年9月第1次印刷
书　　号：ISBN 978－7－5217－1989－5
定　　价：35.00元

序

找到属于自己的“宝藏”

你会跳过序言看正文吗？我不会，作为一个爱看书也爱藏书的人，我看书有一个习惯，那就是力争把书中出现的所有文字都看完，包括作者简介、封面设计、插画师、责任编辑，甚至是图书规格等等。每多看一个字，我便感觉对书了解得更多了一些，看到的字越多，了解的东西越多，所以通常我必看序言。

可当我开始动笔的时候，我又犯了难。序言是什么？我想，序言大概就像新朋友之间的自我介绍一样，向别人介绍自己眼中的自己，而给一本书写的“自我介绍”，不就相当于“我以为我写了什么”吗？即使是从我的角度出发介绍这本书，我相信也是不全面的。每个人都有自己的想法，所以我希望，每一个有缘捧起这本书的人，能够像寻宝一样，找到属于自己的“宝藏”。

我能告诉大家的是，这是一本跟历史有关的书。

历史是由人创造的，从古至今发生的所有故事，都是人和人的故事。人很奇妙，有时可以很善变，有时又一成不变。虽然人类利用科技让生活变得更好，可人与人相处的方式却变化不大，我们也许换上了不同的服饰，但我们的行为模式确实和古人的行为模式没有本质的区别。

历史是由人书写的，所以我更愿意以历史人物的视角，去看看他们生活的世界：何为智慧？何为坚守？何为追求？何为气节？何为义气？何为忠诚？何为孝道？何为取舍？在古人的眼中，什么才是最重要的？这也许可以让我们更加真切地认识自我，并且重新审视一下自己身边那些值得珍惜的人和物。

构思每一个人物的时候，我都努力把自己想象成那个人。在创作的过程中，我努力寻找人物情感与历史事件的联系，以求让历史事件更加鲜活。

“楚河说历史”的内容基本取材于正史，但也有些许野史掺杂其中。书中的每一个故事，我都力求找到史籍当中的记载，这种想法一直贯穿我创作的始终，但对我而言，这样做有得也有失，其中很多有趣的典故也因为找不到史料而被迫放弃。

我希望你把这套书当作一把钥匙。历史不应该是单向传输，也不应该是单纯背诵，我们完全可以通过自己的思考，看到很多不同的风景。就像我在每篇文章中设计的“脑洞剧场”，这里面的内容大多没有真实发生过，是我通过对人物性格的理解做的夸张描写，不仅仅是为了让故事更有趣，也是为了增加历史跟大家互动的可能性。你想过自己把“脑洞剧场”里的内容表演出来吗？你甚至可以跟朋友或家人搭档，把你印象中的这位历史人物，用自己的理解和方式呈现出来，我相信，这一定能释放你身体里的很多能量。解放对天性的束缚，大胆地表现自己。

如果这套书能给大家带来些许类似的感觉，这一定不是我的功劳，而是因为我站在了巨人们的肩膀上，很多历史学者和前辈给过我指点和启发，我只不过是站在他们的肩膀上踮起了脚尖而已。

2020 年 8 月

目录

天灵灵，
地灵灵。
人生抽奖

保保的心思
你别猜！
嘿嘿
呜呜呜，
我不玩啦！

楚河说历史 元明清

1 赵孟頫

艺术通人性

如果一个人想学习书法，通常都要先学楷书。楷书有四大家：欧阳询、颜真卿、柳公权和赵孟頫。他们分别创造了属于自己的字体：欧体、颜体、柳体和赵体。没错，只要你的字写得足够漂亮又有风格，那么人们就会用你的姓命名一种字体。普通人和书法家的距离就在于此，写楷书的人千千万，最著名的也就只有四大家，没听说过“四十万大家”的，“大家”从来不搞批发。赵孟頫能够跻身“大家”之列，自然有他的过人之处。

据说，赵孟頫从小就十分聪明，读书过目不忘，写文章下笔成文。如果说一个人长得好看，是因为神吻了他的脸，那么赵孟頫肯定是被神吻过了脑子。

他出生于宋朝宗室，是宋太祖赵匡胤的后代。他的父亲和祖父也都在南宋朝廷做官，官衔颇高。南宋灭亡之前，14 岁的他凭借着卓越的才能和家中世代为官的背景，通过了吏部选拔官员的考试，调任真州司户参军。虽然仅是个芝麻绿豆的小官，但要知道，我们 14 岁的时候，都才上初二啊。

南宋灭亡那一年，赵孟頫 25 岁。之后，他便回到了家中，继续埋头苦读，潜心治学，诠释了什么叫“读书使我快乐”。

然而，人才不会被轻易埋没。过了几年，元世祖忽必烈派人搜访隐居于江南的能人，终于找到了赵孟頫。入宫面圣时，忽必烈见他才华横溢，神采焕发，于是非常高兴，让他坐到了尚书右丞叶李的上首。这个座位距离皇帝很近，有人劝忽必烈：“赵孟頫是宋朝宗室的后裔，不应该让他这么接近您。”忽必烈没听。

无论古今，座位的安排都能表示主人对客人的重视程度。忽必烈之所以这样做，无非就是想告诉赵孟頫：“朕稀罕你。”

忽必烈很重视赵孟頫，便命他到中书省参与起草诏书。忽必烈看了赵孟頫起草的诏书后，高兴地说："你写出了朕心中要说的意思。"相当于"朕本来也想这么写"。不得不说，忽必烈说的这句话很有意思。

很多人都认为赵孟頫最厉害的是书法，其实赵孟頫最厉害的是他对人心的揣测和把握。这在许多正史的记载中都得到了证实。

有一个叫王虎臣的官员，上书朝廷检举平江路总管赵全的违法行为。当时，朝廷准备派王虎臣前去地方查办赵全。叶李上奏，表示派王虎臣去并不妥当，可皇帝没听劝。

赵孟頫审时度势，马上递给忽必烈一个不派王虎臣的理由。他说："赵全的问题当然应该查，但王虎臣以前曾是该地的长官，多次强行买下别人的田地，还纵容他的门客获取不法的利益。赵全多次与他争论，王虎臣为此非常怨恨他。如果派王虎臣前去，他必然会陷害赵全，纵然查出了赵全的不法行为，也不能不让人怀疑。"

忽必烈幡然醒悟，心说："派王虎臣查办赵全，那不就是有罪要办他，没有罪，创造一个罪也要办他吗？"

于是最后改派了别的官员。

皇帝忽必烈似乎还算比较好说话的，但作为百官之首的丞相桑哥就不那么好说话了。桑哥绝对算一个厉害的人。那时官员上班大概跟现在学生上课差不多，现在上课响铃，那时上班敲钟。桑哥总会在钟声刚刚响起时，便坐在办公室里，来得比他晚的人就算迟到。

那么迟到的人怎么处理呢？在学校里，也许会受到老师的批评。但桑哥不是老师，批评人是要花时间的，丞相的时间很宝贵，所以他只会打。所有迟到的人，都要受笞刑，也就是抽一顿鞭子。

有一次赵孟頫来晚了，负责执行惩戒的官员没有废话，直接把他拉去抽了一顿。赵孟頫便去找尚书右丞叶李聊天，他说了一句话，使很多官员直接受益。这句话就被记录在《元史》中："古者刑不上大夫，所以养其廉耻，教之节义，且辱士大夫，是辱朝廷也。"大概意思是，自古以来，朝廷从来不对大夫用刑，以此来积累他们的廉耻之心，教导他们的节义之行，况且侮辱士大夫，这也是侮辱朝廷啊！

桑哥心说："侮辱士大夫我还能承受，你说我侮辱朝廷，那……我给你道歉！"桑哥后来去安抚了赵孟頫，并且规定以后，只有曹史以下的人迟到才会受到笞刑。

很多人都知道赵孟頫的书法惊世绝伦，却不知道赵孟頫还有别的本领。世上多才多艺的人很多，但多才多艺又都能精通的人却很少，赵孟頫算其中一个。

他精通音乐，还善于鉴定古器物，他的诗文清逸深邃，读过的人会有飘然出世的想法。他的画功也十分了得，明代文学家、史学家王世贞曾说："文人画起自东坡，至松雪敞开大门。"此处"东坡"便是苏东坡，"松雪"是指赵孟頫，赵孟頫号松雪道人。从苏东坡开始，到赵孟頫敞开大门，虽然王世贞只用了十四个字，但对中国绘画史来说，却足足用了二百多年。

艺术通人性，赵孟頫之所以能在艺术上有如此高的造诣，或许正是因为他对人性有着足够深刻的洞察。

在赵孟頫的职业生涯中，桑哥应该算是比较难缠的上司，毕竟他对待每个手下都跟陀螺一样，见到就想抽。"桑哥"是源于梵文的藏语名，意思是狮子。狮子是一种很凶猛的动物，可人要是坏起来，有时候比狮子还要凶猛。

性格分析中……
19:40
报告
哒哒哒哒！

有一年发生了地震，大都的损毁情况极为严重，大地凹陷，黑色的沙子和泥水从地里喷涌而出，百姓死伤达数十万人。忽必烈为此非常忧心，马上召集群臣，讨论天降灾祸的原因。

可参与讨论的大臣们都害怕桑哥，不敢说关于时政的内容，毕竟桑哥是丞相，如果说出“某条施政举措加重了灾情”这样的话，那不就是逼着桑哥成为暴怒的狮子吗？因此，他们只说了说阴阳八卦和五行灾异等一些比较玄幻的东西。皇帝问缓解灾情的应对方法，他们就说，一定要不断地反省自己，看看自己最近有没有犯什么错，然后顺应天地变化。说白了就是糊弄皇帝。但其实还真有缓解灾情的办法。

之前，桑哥派人清理核算全国的钱粮，向老百姓征了数百万钱，没交齐的还有数千万钱。补缴钱粮，尤其是在灾难后，对百姓来说那就是火上浇油。有的人实在交不上钱粮，干脆逃入了山林。

赵孟頫便让一位与他交好的大臣上书，奏请皇帝大赦天下，免除税赋，这可能是消弭天灾的办法。后来皇帝听从了建议，诏书都写好了，这事被桑哥知道了，他愤怒地说：“这一定不是陛下的主意！”赵孟頫一句话便安抚了桑哥，他说："百姓不是死就是逃，那些没征上来的钱粮到哪里去征呢？如果现在不及时免除，将来议论这件事，上面追究下来，岂不会连累丞相吗？"桑哥听完点点头，心说："你说的有道理，我这么好的人怎么可以被连累呢？"总之，百姓们这才得以休养生息。

那么，赵孟頫为什么能说动桑哥呢？其实是因为他了解人性，他知道桑哥的需求，而忽必烈也不是一个好糊弄的皇帝，赵孟頫知道在两者之间获得平衡的方法。

某一天上朝时，忽必烈问了赵孟頫一个问题：叶李和留梦炎哪个好？

叶李便是前面提到的尚书右丞，留梦炎在历史上可能比叶李的名气更大些。当年在南宋危难之际，留梦炎以状元丞相的身份投降元朝，并在元朝继续为官，后来升至礼部尚书。那么，赵孟頫是如何评价这两个人的呢？

他说："留梦炎是我父亲的挚友，为人庄重厚道，很自信，多谋善断，有大臣之才。叶李所读的书我都读过，他知道的事我都知道，他能办的事我也能办。"忽必烈又说："那你是认为留梦炎比叶李好吗？可留梦炎在宋朝为状元，位至丞相，而在贾似道欺上误国的时候，他却对贾似道阿谀奉承。叶李当时虽是平民，却敢于上书朝廷，斥责贾似道，显然比留梦炎好。”

退朝之后，赵孟頫找到皇帝身边的近臣彻里，对他说：“陛下在谈论南宋权相贾似道误国时，责备留梦炎当时不敢指责。如今，桑哥的罪恶已经比贾似道还要严重，而我们却不加指责，将来又如何能推卸责任呢？可我毕竟不是陛下的亲信之臣，说的话陛下肯定不听。你不一样，你读书知理，慷慨有气节，陛下还极为信任你。捐出自己的生命而为百姓除害，这是有德行的人该做的事，我希望你能这样做！”

后来，彻里向忽必烈揭发了桑哥的罪行。忽必烈大怒，命令身边的侍卫掌嘴，彻里被打得口鼻流血，倒在地上。忽必烈再问，彻里便继续斥责桑哥罪行。后来也有大臣上奏桑哥罪状。不出赵孟頫所料，皇帝被说动了。也许是抱着试一试的心态，忽必烈派三百个士兵前去抄桑哥的家，搜到的珍宝不计其数。

从这两件事可以看出，赵孟頫的情商确实很高。皇帝特别爱跟他谈心，有一次，皇帝又亲切地问他：“你是宋太祖的孙子，还是宋太宗的孙子？”赵孟頫回答说：

“我是宋太祖的十一世孙。”皇帝接着问：“宋太祖做的事，你了解吗？”北宋开国皇帝兵变称帝的事儿谁能不知道啊？但只见赵孟頫淡然一笑，说：“臣不知道！”

赵孟頫说不知道，皇帝反倒说：“宋太祖做的事，有很多值得借鉴的地方，我都知道。”赵孟頫心想：“您知道就行了。”之后，赵孟頫便极力申请到大都以外的地方做官，他觉得长时间待在皇帝身边，必定被人忌惮，别人忌惮也就算了，最怕的是被皇帝忌惮。

不得不说，赵孟頫对人性透彻的了解成了他安身立命的保护伞，总是能让他巧妙地周旋于各种危局，也让我们看到因书画成名的赵孟頫的另一面。

担任过史官的杨载这样评价赵孟頫：“孟頫之才颇为书画所掩，知其书画者，不知其文章，知其文章者，不知其经济之学。”意思是说，赵孟頫的才能很大程度上被书画的名声掩盖了，了解他书画方面成就的人，不了解他在文章方面的造诣，了解他在文章方面造诣的人，不了解他在经世济民方面的作为。不过，想了解一个人的全部，也确实很难吧。

2 贾鲁

像水一样的人

在古代，统治者最怕两种水：一种是老百姓形成的水，正所谓“水能载舟，亦能覆舟”，还有一种是导致水患的水。

有一个像水一样的人精通治理水患，他就是元朝著名的河防大臣、水利学家贾鲁。

为什么说他是像水一样的人呢？因为水本没有自己的形状，放到容器里，才有了形状。可不管容器是什么样子，水都可以装满它，既能包容，还能成就，这便是水。

翻一翻贾鲁的履历，便能体会到他水一般的特质。

贾鲁在一生中，由于工作的调动做过很多种职业，《元史》里记载，他在东平路做过儒学教授，在国史馆修过前朝历史，在县里当过地方官，甚至在太医院也工作过。

后来，他还在总理全国政务的中书省里担任检校官。这份工作极大地鼓舞了贾鲁“提建议”的热情，他递上了一份奏折，里面写道：“官府的十八处河仓，近几年损失的公粮，大约有一百三十万斛，而产生这一弊端的原因就是富豪大肆兼并土地，贫苦的百姓被迫流亡，所以我们应该先明确土地产权。不过这件事关系重大，如果处置的办法不能做到周到完善，就不可轻率行动。”

贾鲁的这篇奏章写得直击要害，不久后，他被任命为监察御史。皇帝知人善任，直接给贾鲁安排了一个专门提建议的岗位。监察御史有监察百官善恶，指出政策得失的职责。

既来之则安之，既然皇帝都示意自己专心提建议了，贾鲁马上就写了一份奏折回应皇帝，首先提出：御史写的奏折应该直接拿给皇帝看，不应该先由某些大臣商量可行不可行。言外之意是，万一奏折里写了某些大臣的坏话，皇帝可能就看不到了。

大臣甲：“我手里这份奏折说我坏话了，就别拿给陛下看了。”

大臣乙：“我手里这份奏折也说我坏话了，也别拿给陛下看了。”

大臣丙：“我手里这份奏折同时说了咱们三个人的坏话。”

三人一起说：“就别拿给陛下看了。”

大臣甲：“真好，陛下今天又没有奏折可看。我们为陛下分担了好多啊。”

要真是这样，就算皇帝能看到几本奏折，里面又有几句实话呢？皇帝心想：“贾鲁跟朕说实话。还是贾鲁好，虽然发音是‘贾鲁’，但其实是‘真鲁’。”

过了段时间，贾鲁升为御史台都事，后调任山北廉访副使，帮助皇帝巡视地方，看看各地的官员乖不乖。后来他又被召回朝廷担任工部郎中。上任后，他马上就有关工程建设提出了十九条建议。皇帝点点头：“水无固形，到哪都行，贾鲁贾鲁算你行。”旁边人还得捧：“好诗！好诗！”

贾鲁来到工部，也许是命运的安排，因为他的重要成就跟工程是分不开的。至正四年（1344 年），黄河决口了，先在山东境内的白茅堤决口，接着又在下游的金堤决口，沿河许多州县受灾很严重，老百姓的房屋全让洪水给泡了，大家被迫背井离乡，四处流亡。

皇帝接到奏报后十分难过，做事情都提不起精神，毕竟自己的百姓食不饱腹，居无定所。当务之急是赶紧治水，但在治理之前，得派使臣去实地查看一下灾情，这样才能制定一套合理的整治黄河的方案。这时候，他想起贾鲁来了，于是特别旨令贾鲁任都水监。这是专门掌管水利工程建设的职位。

贾鲁是个聪明人，遇到治理河道这样的事情，自然也会选择聪明的方法。他想了又想，最终决定还是实地去看看，这一考察就走了数千里路。身边的人都累傻了，心说："大人，您这是聪明的方法？"

当然是！此时首先要做的就是了解实际情况，凭猜测是行不通的，一定要实地勘察，所以为了熟悉地理形势，贾鲁便顺着黄河河道走。此时的贾鲁会暗暗感叹"黄河的风景果然名不虚传”吗？不会！那么此时的贾鲁难道会说“黄河之水天上来”吗？也不会！此时他心里想的只有治理黄河的方法。

为了让皇帝对黄河治理方案了解得更加透彻，贾鲁选择用了绘制地图的办法。图文结合，皇帝一下就看懂了贾鲁两套治理黄河的方案。第一个方案比较粗暴，那就是堵，他建议在黄河北岸修筑大堤，制止河水继续泛滥，这样做的话，所用的人工和财力都会相对节省；第二个方案，则建议疏通河道和堵塞决口两项工作同时进行，引导黄河向东流，使河水回到原来的河道上，但这样做所需要的人工和财力会高出几倍。结果两个方案提出来的时候，正好赶上贾鲁又升官，升为右司郎中，他之前提到的方案由于没有人跟进，最后只能不了了之。

无论身处什么岗位，他都尽职尽责。按照惯例，贾鲁针对当时的国家大政先后提出了二十一条建议，并且都被采纳了。后来，贾鲁出任都漕运使，他又就有关漕运方面的事务提出二十条建议，朝廷采纳了其中的八条，但这八条没能全部实现。粗略计算之下，在《元史·贾鲁传》中，贾鲁有记录的建议多达六十二条，堪称有啥说啥。

没过多久，黄河开始向北泛滥，洪水灌入运河，蔓延到了济南、河间一带，形势非常严峻，眼看着两地漕运司所辖的盐场就要毁坏了，这事关国计民生。好容易晒干制好的盐，黄河水一来，不就全冲走了吗？

至正九年（1349年），脱脱再次担任丞相，谈到黄河再次决堤的事，他召集朝廷大臣一起商议，可每个人的意见都不一样。贾鲁不管别人怎么想，他说："黄河一定要治理。"接着便拿出之前的两种治河方案给丞相看，丞相看完点点头："这主意不错啊，你什么时候想出来的？"贾鲁正色道："五年前！"

最后丞相选了第二种方案，虽然会耗费更多的人力、物力，但效果最好。之后又与贾鲁进行了一番商议，决定把这件事托付给贾鲁去办。

皇帝对这个安排也非常满意。可无论谁来治理黄河，难度都不会小，黄河的水势可是向来凶猛。据说，贾鲁主持的这项治河工程，是至正十一年（1351年）四月开工的，至当年十一月，他便完成了这项艰巨的任务。

他是怎么做到的呢？他是努力做到的，这努力既包括他的不惧艰辛、废寝忘食，还包括他的多谋善断、急中生智。

在治河的过程中，贾鲁发明了一种富有创造力的堵塞决口方法，世人称为“船堤障水法”。从字面可以看出来，其实就是用船当作堤坝挡住水的意思。谁都知道，船是浮在水面上的，怎么能挡住水呢？

接下来的操作就需要想象力了。由于决河势大，又遇秋汛，在仔细观察水情之后，贾鲁想到了一个办法，那就是把二十七艘大船连在一起，各种绳索、木桩，能用的全用上，把船身上上下下绑了一个结实。这样，二十七艘大船就结成了一个方舟。贾鲁看完后，说道：“现在，我只要在船上多放些东西，我便可以……”手下吓得赶紧问道：“大人您是要出海吗？”

其实，连成方舟之后，贾鲁命人在船上堆满石头，这些石头也要牢牢固定在船上，然后把船运到需要筑堤坝的地方，凿破船体，沉船便成了堤坝。这样修堤坝的方式约等于往水里扔钱。

当然，沉船只是堤坝的基础，还要在上面加些土石等加固材料，这样才能达到稳固的目的。整个治河工程耗资相当可观，这在我国古代治河史上并不多见。后来人们为了纪念贾鲁，把河南境内的一条河命名为贾鲁河。

明朝曾对贾鲁河进行过一番修整，使贾鲁河上的码头异常繁荣，每天都有二百艘以上的船停靠在这里。考古学家在这里挖掘出了相当重的船锚，证明当时在贾鲁河上曾行驶过很大的货船。

想想当时那壮观的景象：街市上到处是叫卖声，岸边堆满了数不尽的货物，脚夫在一旁紧张地搬运着，巨大的货船来回穿梭，船工的号子忽远忽近，片片船帆在河上漂荡。这热闹的景象据说一直持续到清朝中叶，直到黄河又一次泛滥，贾鲁河再一次淤塞，这里才无法再让船只通行，所有的繁华也随之淹没在了历史的洪流中，只留下现在这条不算宽阔的贾鲁河，还纪念着几百年前那位像水一样的男人。

3 王保保

天下奇男子

什么样的男人会被称为天下奇男子？他奇在哪里，又是谁在夸他呢？如果元朝名将王保保听到这些问题，估计不仅会沉默，还会流泪。因为夸他的不是朋友，而是敌人。

王保保的“奇”在很多地方都有体现。即便放在蒙古人里也是一样。为什么呢？因为他家虽然是蒙古族，却久居中原，受汉文化的影响很深，估计王保保看起来会更像一个汉人。放在汉人堆里会不会好些呢？

并没有。因为大家都知道他是蒙古人，可他却有一个汉人的名字，而且这名字听起来还挺可爱的。如果实在不愿意叫他保保（宝宝），他还有一个蒙古名字，叫扩廓帖木儿。

这名字在蒙古语里的意思是青铁，而王保保童年的脸色却是铁青的。他体弱多病，因此在年幼的时候便被寄养在舅舅察罕帖木儿家中，后来干脆被过继给了察罕帖木儿当儿子。

王保保的仕途非常顺利，年纪不大就被养父带着去镇压元末的农民起义。年轻的王保保，很快就成了军队的首领。当然，这是因为他养父被人暗杀，提前“下线”导致的。刚开始王保保并没有被人们看好，据说朱元璋就曾称王保保是“孺子”，把朱元璋的话说得通俗点儿，意思就是：“他还是个孩子啊！”几乎所有人都被王保保稚嫩的外表欺骗了。谁都没想到，王保保仅仅用了五个月的时间便替养父报了仇。

随后中原的农民起义被平定，王保保带领着自己的军队驻扎在汴梁、洛阳一带，成为元朝廷依赖的安全屏障。

这时候，朱元璋和陈友谅正在江南大战，他俩都是反抗元朝的重要势力。如果想彻底消灭这帮起义军，王保保当时最好的选择就是领兵南下。

可王保保毕竟是个奇男子，他怎么会按照人们正常的思路做事呢？于是他没有选择去镇压抗元势力，反而开始参与元朝的内斗。该打“外人”的时候，王保保果断决定先打“自己人”。现在看来，王保保果然不正常。

当时元朝的朝廷比较依赖的地方武装主要有两支，一支属于王保保，也就是扩廓帖木儿，另一支属于孛罗帖木儿。话说，这两支军队要是同心协力，一致对外，朱元璋和陈友谅可能也就凉了，可他们并没有这样做。由于矛盾的日夜积累，他们之间根本难以相容，就像水和火，孙悟空和妖怪，奥特曼和怪兽。

总之，他们是不会团结的，一有机会便相互攻击，抢夺地盘。为此，皇帝多次下旨劝他们和解，他俩很“配合”，越劝越打，大有皇帝劝一次他们打一次的劲头。最后竟然还涉及了皇帝和皇太子之间的争端。

自古以来，皇帝和皇太子之间的感情就很微妙，皇帝既希望皇太子聪明能干，又不希望他太能干，因为皇太子太能干的话，皇帝容易提前退休，甚至提前离世。

当时皇帝比较偏向孛罗帖木儿，王保保为了公平起见，便去勾结了皇太子。王保保和皇太子缔结了密约，

按理说这是强强联合。没想到这却把皇太子坑惨了，每一次王保保被派去攻打孛罗帖木儿，受伤的总是皇太子，因为孛罗帖木儿从来都不直接跟王保保打，只要王保保准备打他，他就去打皇太子，打得皇太子东躲西藏，鸡飞狗跳。

也许是孛罗帖木儿打到了皇太子的脑神经，当第二次被打跑的时候，他突然想起唐肃宗灵武即位的故事。

安史之乱发生后，唐玄宗想去四川避难，太子李亨想留在关中平定叛乱。于是，李亨在灵武这个地方称帝，史称唐肃宗，把唐玄宗强制变成了太上皇。本质上这是一场争夺皇位的政变，但以当时的情况来说，也算顺应民意。于是，皇太子想效法唐肃宗，自己称帝。

对于王保保来说，这本来不是一件坏事。自己的领导当了皇帝，那以后不是自己想当什么官都可以吗？但王保保毕竟是个奇男子，他拒绝了。

虽然不知道他是以什么理由拒绝的，但因为他的拒绝，皇太子的想法落空了。

皇太子即使有心结也不能把王保保怎样，他还指望着王保保把自己送回都城呢。后来，王保保成功耗死了孛罗帖木儿及其党羽，并率军准备护送皇太子回京。谁知道在路上奇皇后，也就是皇太子的母亲，对他说了这样一番话。

奇皇后说：“回到京城之后，你能不能率兵逼我丈夫退位，然后拥立我儿子当皇帝？”

奇皇后的建议又被王保保拒绝了。皇太子和王保保缔结的密约，现在看来，好像也没什么用。皇太子也许会想：“说好的要帮我呀？”如果王保保有机会回答他，应该会说："我是在帮你啊，我在帮你习惯现状。"

话说，朱元璋曾经在武将们面前问道："谁是天下奇男子？"武将们都说："常遇春率领不到万人的军队就可以横行无阻，所向披靡，应该算是天下奇男子了。"朱元璋说了一段话，就记录在《明史》中："遇春虽人杰，吾得而臣之。吾不能臣王保保，其人奇男子也。"

这句话的意思是说：常遇春虽然是杰出的人才，但我却可以让他辅佐我；我不能让王保保臣服，王保保真是天下奇男子！

难道果真是得不到的才是最好的吗？

翻看史书之后，王保保确实是真的"奇"，只不过是奇怪的"奇"。说他效忠元朝廷吧，明明该打朱元璋他们的时候，他却选择先打自己人。说他力挺皇太子吧，他又屡次阻止皇太子称帝。不过他的"奇"还没有说完。

至正二十五年（1365 年），皇帝下诏封王保保为河南王，让他调度天下兵马肃清江淮，这相当于告诉王保保，打朱元璋的时候到了。当时朱元璋的势力已经很大了，朝廷必须要有动作。可王保保领命之后，本该往南走的他，却走向了北面。

这是为什么呢？难道王保保迷路了吗？当然不是，他的目的是把关中四个军阀的军队收入囊中。这四个军阀当然不肯了，于是进行了疯狂的抵抗。眨眼间，一年过去了……他们打了不下百次，始终没有分出胜负。

有人可能认为，王保保之所以这样做，是因为朱元璋的势力太大了，也许王保保是想扩大自己的实力之后再跟朱元璋一较高下吧。可就在这时，王保保自己建立了政府，各种机构、部门，应有尽有。不仅如此，他还私自与高丽互通使节，这简直就是谋反啊！而且在此期间，王保保几乎没有南征的举动，只跟朱元璋发生过一次小规模的战斗。

皇帝开始频繁催促王保保去打朱元璋。王保保拿皇帝的话当空气，这耳朵进那耳朵出，继续跟那四个军阀打。终于，皇帝坐不住了，派人劝说王保保跟那四个军阀和解，王保保二话不说把皇帝的使者给杀了，简直是嚣张坐飞机，嚣张上天了。

几年后，朱元璋派大将徐达、常遇春率领二十五万大军北伐元朝，形势十分危急，明军已经渡过了黄河，皇帝赶紧给王保保下了一道命令：“快来保护朕！”

但王保保最后并没有去勤王，而是眼睁睁地看着元朝结束了在中原的统治。可令人奇怪的是，在元朝几次要被明军摧毁的时刻，又是王保保挺身而出，守护住了元朝最后的命脉。

让人意想不到的是，已经跟元朝廷完全翻脸的王保保，最后却成为元朝守护社稷的中流砥柱。而之前和他翻脸的皇太子，也就是后来的元昭宗，为了匡扶元朝大业，又跟他重归于好，仿佛之前什么都没有发生过……

这一切也许朱元璋到最后也没看懂，他大概一直以为已经和元朝廷闹翻的王保保，早晚是要归顺自己的。他曾七次和王保保通信，目的就是招降王保保，可始终没有成功。

据说，朱元璋有三件憾事，一是没能得到传国玉玺，二是王保保没被活捉，三是元皇太子（即后来的元昭宗）没有消息。可见，王保保在朱元璋心中的重要地位。

王保保这样的奇人，可能他自己都未必知道自己是怎么想的。一会儿打自己人，一会儿打外人，一会儿帮皇太子，一会儿帮皇帝，一会儿想谋反，一会儿想勤王，一会儿是反将，一会儿是忠臣。如果他投降了明朝，也许又要闹得天翻地覆了。

4 元顺帝

一生不顺的皇帝

很多人都喜欢“顺”这个字，做事情我们希望能够顺顺利利，出门远行我们希望可以一路顺风，最后每件事情的结局我们希望都能让人顺心如意。

元朝有一位元顺帝，“顺帝”这个尊号是明太祖朱元璋特意给他的，因为朱元璋觉得，他拱手让出了中原大地，逃回蒙古草原，很识趣。

名义上是尊号，但这背后其实不难看出胜利者对失败者的讽刺意味，毕竟元顺帝是元朝大一统政权的最后一位皇帝。一切都仿佛是冥冥中注定，他名叫妥懽帖睦尔，蒙古语的意思是“铁锅”。看来元朝结束中原统治的这口锅，他是肯定要背了。

元顺帝出身高贵，他是元世祖忽必烈的五世孙，是周王和世㻋（后来的元明宗）的长子。但这并不影响他的倒霉运气。从他出生开始，皇权争夺的血雨腥风就伴随着他了。

元武宗驾崩前，曾跟将要即位的元仁宗约定，继承元仁宗皇位的人应该是元武宗的长子和世㻋。也就是说，只要元顺帝的爸爸活得够久，元仁宗死后，他就能当皇帝。

可后来元仁宗后悔了，他想立自己的儿子为皇太子，和世㻋心说："这也太不讲信用了吧，说好我是皇太子啊！"于是，他开始联系元武宗的旧臣，让他们帮自己恢复皇太子的身份。

元仁宗也是个"讲道理"的人，知道了和世㻋的计划之后，就派人追杀他。"铁锅"元顺帝就是在避难期间出生的，有趣的是这口"锅"从天而降的那年，元仁宗驾崩了，是被"锅"砸到了吗？

此后元朝皇位不断易主，但最后还是回到了元武宗的后代手里，当时和世瑓的弟弟图帖睦尔掌握着皇权，但他宣布要将皇位禅让给哥哥和世瑓。和世瑓很开心，在漠北即位，史称元明宗。当皇帝对和世瑓来说相当折寿，因为他的弟弟图帖睦尔很快就派人毒死了他，并且再次称帝，史称元文宗。这样看来，元文宗让皇位是假，让元明宗死是真。

可怜“铁锅”还没来得及享受一下宫里的幸福生活，就被元文宗流放到高丽去了。但元文宗还是不放心，后来又把他接回来，流放到了广西静江，也就是今天的桂林。都说桂林山水甲天下，但在元朝，那地方可算不上繁华，估计也有很多风景，就是没有人。

元文宗驱逐了“铁锅”之后，马上立自己的一个儿子为皇太子。这位皇太子很“争气”，一个月之后就死了，简直就像是被诅咒了一样。

当时的人们都很迷信，元文宗也不例外，虽然他还有一个心爱的儿子，却再也不敢立为皇太子了。生命是宝贵的，况且儿子的数量毕竟有限。他只好把皇位传给了“铁锅”。

于是，元文宗驾崩前留下遗言：“当年毒杀明宗皇帝，这是我的过错，现在后悔莫及。如今我虽然还有一个心爱的儿子，但还是应该把皇位传给明宗的儿子，这样我去世之后也对明宗有个交代。”

这下“铁锅”总该能继承皇位了吧？不！在未来元顺帝的字典里从来就没有“顺利”二字。

元文宗的遗诏是立元明宗的儿子。当时把持朝政的是权臣燕铁木儿，他看“铁锅”岁数太大，不方便控制，于是选择立元明宗的小儿子即位，史称元宁宗。七岁的元宁宗只当了五十多天皇帝就驾崩了。

可燕铁木儿还是不想立“铁锅”，他又想立元文宗的儿子，但被元文宗的皇后严词拒绝，皇后坚决支持“铁锅”继位，燕铁木儿只好妥协，派人去广西迎接他回京。

燕铁木儿带着皇帝的仪仗队在大都近郊迎候，等见到“铁锅”，燕铁木儿立刻表明要拥立他为皇帝的意思，当时“铁锅”只有十三岁，吓得一句话也没敢说。

“铁锅”的沉默换来的是燕铁木儿的怀疑，所以即便到了大都，也没有立他为皇帝。

负责占卜的官员这时候也说不能立“铁锅”，立他为皇帝就会天下大乱。正所谓国不可一日无君，元朝的群臣万万没想到，后来皇位能空缺半年。

直到燕铁木儿死后，“铁锅”才被正式立为皇帝，也就是后来的元顺帝。话说，这当皇帝的过程可真是一点儿也不顺啊！

本以为自己当了皇帝后日子总会顺利一点儿，然而并没有。因为他名义上是皇帝，实际上是傀儡。

《元史》记载，元顺帝每天深居在宫里，没有一件事可以自己做主。真正控制朝堂的人是权臣伯颜，他的权力大到天下人只知道伯颜，不知道皇帝的地步。皇帝活成了路人，元顺帝非常难过。

然而，伯颜还不满足，他利用自己手中的权力，聚敛财富，穷凶极恶，不仅推出了排挤汉人的民族压迫政策，严格控制汉人官员的数量，还废除了科举考试。

在伯颜的引领下，元朝综合实力开始大幅地往后退。汉人们反抗，伯颜一拍脑袋就提出杀光张、王、刘、李、赵五姓汉人的主张，元顺帝这次没有听从，心说："你干脆把百家姓都杀光，自己统治自己得了。"

其实，元顺帝早就看不惯伯颜的专权，要不是因为怕打不过伯颜，他早就动手了。不过，扳倒权臣的事情必须要做，后来元顺帝联合伯颜的侄子脱脱，寻找机会终于除掉了伯颜。

废掉权臣，元顺帝掌权，这应该足以让他露出笑脸了，可元顺帝的笑容刚展开就凝固在了半空。因为他得面对伯颜留给自己的"烂摊子"。

如果说原来的国家像一张床单，那现在的国家俨然就是一个蚊帐——处处都是洞。一片狼藉、危机重重的国家，该从哪里开始治理呢？元顺帝想要励精图治，他对丞相脱脱投去一个眼神，表示："你来治一治。"

脱脱不负所望，很快就扭转了元朝的统治危机。他推行了一系列的改革，思路很简单，那就是伯颜不要的，他全要。比如：恢复科举制度，恢复太庙四时祭祀，为冤案平反昭雪，开放马禁，为农民减负，放宽政策，等等，史称“至正新政”。这仿佛给元朝的统治打了一剂强心针。

改革的成效让元顺帝非常满意，看来只要努力，事情还是会顺利起来的。

可就在这时，脱脱请求辞职，元顺帝自然不同意。但谁也没想到脱脱会辞职十七次，这下元顺帝也只能答应了，此时元顺帝的内心可能有一丝慌张。

紧接着黄河决口……

不知道是不是巧合，脱脱隐退的那几年，正好赶上国家的灾害多发期，饥荒蔓延、瘟疫暴发，百姓流离失所，死者不计其数。

元顺帝可能心都要凉了，心说：“当皇帝也太难了吧，就没有一件让朕顺心的事儿啊！”

灾情四起，连大都都受到了影响，好多难民聚集到京城附近，使得京城内外到处都是乞丐。

元顺帝认为只有改善受灾百姓的生存环境，才能从根本上解决问题。于是，元顺帝一方面命令官府抓紧赈济百姓，另一方面他还颁布了“罪己诏”。

在古代，皇帝作为天子，对任何自然灾害都要负直接责任。所以，元顺帝的这份“罪己诏”该怎么写呢？

脑洞剧场

元顺帝："罪己诏怎么写？"

大臣："陛下，您就说自己错了。"

元顺帝："凭什么是朕的错？"

大臣："因为您是皇帝，您最近不想当了吗？"

元顺帝："朕想了想，的确是朕的错。"

最后"罪己诏"的主要内容就是：黄河决口是朕的错，对不起，是朕不小心让黄河决口的……

皇帝怎么能控制得了自然灾害呢？可是没办法，权力越大，责任越大。元顺帝毕竟叫"铁锅"，即便当了皇帝，也得背锅。

不过改革还得继续。此后的五年，元顺帝又任用了很多人当丞相，可他们的能力全都不如脱脱，因此后来的改革成果约等于没有。

再这样下去，元朝就要凉了，必须马上想出一个好办法。

元顺帝沉思良久，最终决定还是让脱脱回来接着干。但即使脱脱复出也无法挽回元朝的颓势。

元顺帝万万没有想到，接下来发生的将是一个摧毁元朝统治的连锁反应。

因为黄河泛滥成灾，丞相脱脱下令开展大规模治理黄河工程。因工程量巨大，征发民夫十多万，而过度压榨导致大量民夫死在工地上，由此引发了危及元朝统治的农民起义。

各地起义频发，元朝的地方武装帮助朝廷镇压农民起义，然后是元末的名将王保保借势登场。这位思维混乱的名将，并没有守住元朝在中原的统治，而是让元朝的局面变得更加混乱。

对于元顺帝来说，那真是不努力不知道，努力了之后才知道自己是真的不顺。

奋斗半生，归来仍是烂摊儿。自己的国家依然是满目疮痍，任何人面对这样的局面都难免消沉，元顺帝也不例外。

然而当一个人面对困难的时候，一味消沉不仅不可能让情况变好，反而会让情况变得更糟。

所以接下来就是群臣互相挑拨，武将相互讨伐，元朝的有生力量在内部之间不断消耗。这时，没有人站出来守护元朝的疆土。就连元顺帝的老婆奇皇后和儿子也萌生异心，企图逼元顺帝让出皇位。元朝内部全都乱套了，一直乱到明军攻占了大都。

自此，元朝彻底结束了对中原的统治，而这锅自然也是“铁锅”元顺帝来背。

5 大脚马皇后

她的人生写满善良

做一个善良的人，这绝对是一件让人高兴的事情。当你闭上眼睛，如果还能在内心捕捉到自己的淳朴和善良，这绝对值得先笑一个小时。

在明朝有一位孝慈高皇后，她就是一个非常善良的人。说到这个名字，有些朋友可能不太熟悉，但是问大家一个问题，明朝脚最大的皇后是谁？大家可能一下就想起来那位大脚马皇后了。对的，这位孝慈高皇后就是马皇后。

我们知道，明朝的时候流行三寸金莲，女性从小就要裹脚，把两只脚捆得紧紧的，最后捆成三寸那么长。

三寸才多长？其实也就十厘米的样子，还不到一部手机的长度。可马皇后却从来没有裹过脚，她把脚丫子往那一放，长度大概相当于两部手机吧。

不过别看人家马皇后脚大，作为明太祖朱元璋的原配夫人，单是出身背景，马皇后就不知道比朱元璋强多少，所以对朱元璋来说，那真是癞蛤蟆吃上了天鹅肉，但他逢人还是会说自己是青蛙王子。

而马皇后的确是朱元璋的天鹅，虽然脚大一点，但她对朱元璋的帮助可着实不小。

这一切还得从头说起。

话说，马皇后的祖上本是富甲一方，传到她父亲马公这一代，家里就穷得……只剩下钱了。由于马公乐善好施，没事儿就给人分钱，好多不认识他的人，都想结交他这个朋友。马公就是这么一个热心肠的人，只不过后来分着分着，发现自己家里也不富裕了，多大的家业也架不住这么分啊。

不过还好，正因为马公的性格，他结交了一位好朋友，他就是郭子兴。这位郭子兴可以算得上是个英雄人物，他是元末群雄之一，是江淮地区反抗元朝的民间组织“红巾军”的领袖。

这里要说一下，这红巾军是元末时期汉人复国的主要力量，为什么要叫红巾军呢？因为他们总是在头上绑一块红色的头巾，并以红旗为号。

后来，马公和妻子双双早亡，于是马皇后就被郭子兴收为了义女。马皇后的人生就从这里发生了变化，因为来到郭子兴家之后，马皇后遇见了自己未来的夫君朱元璋。

朱元璋这个人，可以说是一个人生经历很丰富的人。他当过乞丐，当过和尚，当过士兵，最后还当上了天子。

不过朱元璋的确有资本，马皇后就是他的资本。由于郭子兴的赏识，机缘巧合之下，朱元璋和马皇后走到了一起。而之后，在马皇后的支持下，朱元璋南征北战，最终打下了大明的江山。

要知道，创业容易，守业太难。对于朱元璋来说，后面的考验还多着呢。他需要克服的第一个问题就是脾气太爆，动不动就想把人干掉。

朱元璋的手下们被干掉的原因有可能是：工作干得

不好，他怀疑工作干得不好，工作干得太好，他怀疑工作干得比自己好。这些人都会被朱元璋安排提前去投胎，在朱元璋晚年对官场的清洗下，许多功臣和党羽遭到杀戮，动不动一杀就是上万人，这要不是有马皇后在一边拦着，朱元璋可能杀的人更多。

不过，还好马皇后能拦得住他。《明史》说："帝前殿决事，或震怒，后伺帝还宫，辄随事微谏。虽帝性严，然为缓刑戮者数矣。"

这段话什么意思呢？这是说，朱元璋处理完政事，有时非常生气，等朱元璋回到后宫，这时候马皇后常常会依据事理，委婉地劝阻。所以，朱元璋虽然性格比较烈，但是马皇后的劝阻让很多人获了救。

脑洞剧场

朱元璋："气死朕了，今天谁也救不了你！"

大臣："陛下恕罪，陛下恕罪啊！"

这时，门外传来巨大的脚步声……

朱元璋愣了一下："坏了，皇后来了。"

大臣："陛下，您怎么知道的？"

朱元璋："除了皇后那大脚，谁走路能这么大声？"

上面是编的，下面说真的。总之，朱元璋一想杀人了，大脚马皇后就要想办法救人，好人遭受冤屈了，大脚马皇后更要救，真可谓是正义的化身。

翻阅史书，你会发现马皇后的善意是那种发自内心、没有任何杂质的。除此之外，还能看出，马皇后是一个对自己有着高要求的人。

话说，马皇后本人很喜欢看史书，所以空闲的时候，她就要求宫里的妃子们也都学习一些古代圣后贤妃的品行。学谁呢？宋代的后妃们。

马皇后觉得宋朝的很多皇后都很贤明，于是她就让人记下她们治家的方法，然后让六宫嫔妃从早到晚研读。

这时候有人就提出质疑，宋朝的皇后过于仁厚了吧。马皇后就说："过于仁厚，难道不比刻薄更好吗？"可见在她的心里，一直都有一杆秤。这一点，也许是因为遗传了她父亲马公，因此她总是为别人着想。而这恰恰是朱元璋所欠缺的品格。

在朱元璋的手下，曾有一个叫郭景祥的参军，当时他负责守卫和州。这时候就有人向朱元璋告密，说郭景祥的儿子拿着长矛想杀他的父亲，这可把朱元璋给气坏了，心说："让前面要投胎的那批人先等等，照顾照顾郭景祥的儿子吧，让他插个队。"

这时候马皇后就过来劝他："陛下您想啊，郭景祥只有一个孩子啊，杀了不就断了郭景祥的后代吗？况且，这未必是真实的情况。放着他爹这么好的大腿不抱，我觉得这孩子也没那么智障。"

朱元璋点点头："皇后最近说话越来越时髦了。"结果后来一查，那孩子果然是冤枉的。一念之间，别人家的孩子差点就被朱元璋处死了。

换作他自己收养的孩子呢？也一样。

话说，朱元璋和马皇后虽然有子女，但他们还是收养了一些义子，有二十多人……这其中有一个叫李文忠，他也是朱元璋手底下的名将，当时镇守严州。他本来是朱元璋的外甥，但是朱元璋太喜欢他了，于是收他为义子。马皇后对李文忠这个义子的感情非常深，视同己出。

可李文忠这样的身份也有人诬告，说他不遵守法律。估计当时朱元璋也愣了："不遵守法律？这帽子有点大啊，怎么回事？太过分了！"

于是，朱元璋想把李文忠召回来。这时又是马皇后来劝，她对朱元璋说："严州是临着敌境的地方，现在随便更换将领是不合适的。况且别人的话能信吗？李文忠那孩子你还不了解？他向来贤明，不可能这么智障。"

于是朱元璋也就没再管这事儿，后来李文忠为他立下不少功劳。

还有一次，学士宋濂因为长孙牵扯进胡惟庸案，也被定了死罪。作为明朝四大案之一，据说单是胡惟庸案受牵连者就死了三万多人。因为胡惟庸是谋反罪，这个案子的性质非同小可。可是宋濂的身份很特殊，他是太子朱标的老师，并且宋濂对此事全不知情，明摆着是无辜的，所以马皇后再一次站了出来。

她对朱元璋说道："普通百姓家为孩子请老师，尚且知道将尊师之礼奉行一生，何况我们这天子之家呢？而且宋濂先生根本就不知情，是无辜的。"可朱元璋正在气头上，一点儿也听不进去。于是，马皇后想了个主意。

脑洞剧场

朱元璋："皇后，今天朕特意让厨师做了你最爱吃的炙烤红薯榴梿。这道菜闻着有点儿上头。"

再看皇后那边，无精打采，只是不停地叹气："唉……"

朱元璋："你平时不是最爱吃这个了吗？你快吃，吃完，朕就能喘气儿了。"

皇后："陛下，臣妾没有胃口，我们先聊聊天吧。"

"朕现在不想聊，你再不吃了这道菜，朕可能就快憋死了。"

上面是编的，下面说真的。据史书记载，当时马皇后跟朱元璋一起用餐的时候，确实不吃东西。朱元璋很好奇，就问她怎么回事，马皇后就说自己是在给宋先生祈福呢。

马皇后这么一说，朱元璋心里也不是滋味，他冷静一想，宋濂的确没什么过错，何必枉杀无辜呢，于是第二天便赦免了宋濂的死罪。

马皇后总是处处替别人着想，不仅是她认识的人，即便是不熟悉的人，马皇后也一样对待。

朱元璋曾经让重刑犯去筑造城墙。马皇后知道之后，也去求情，说："通过罚劳役来赎罪，这是国家对犯有重罪的囚犯最大的恩惠，但本来就疲惫的囚犯如果再加重劳役，恐怕他们仍免不了死亡。"朱元璋听了马皇后的话，最后都免了他们的劳役。

这就是马皇后，她心中的那份善良就像一团火焰，一刻不停地燃烧着。她想着国家，念着百姓，所以每当遇到灾年，她就会率领宫中所有的人，一起吃粗茶淡饭，帮助百姓祈祷。她想得最少的就是自己，每当皇帝想给皇后的族人分封官爵的时候，她都会毫不犹豫地拒绝。

后来，马皇后身患重病，群臣请求祈祷祭祀，延聘良医，可就连这时，马皇后心里想的依然不是自己。她对朱元璋说："生死，是命运的安排，祈祷、祭祀有什么用处呢？况且医生也不是所有的病都能治。如果治不好我，恐怕会因为我的缘故，连累那些医生吧。"

卧榻之旁，朱元璋问她："皇后，你还有什么心愿吗？"

"我希望陛下能够求取贤能的人，多听听别人的意见，希望陛下能自始至终认真对待他们的意见，希望子孙们以后都能有出息，我还希望大臣、百姓都能有所依靠……"

不久，马皇后离开了人世，享年五十一岁。而从此之后，朱元璋再没有立过皇后。

像马皇后这样的好人，虽只活到五十一岁，但她那份纯真的善意是永恒的。

6 唐伯虎

命运到底有多苦

说到唐伯虎，人们首先会想到那位玉树临风、潇洒倜傥，整日吟诗作对、花前月下的“江南第一风流才子”。

名声在外，周围粉丝无数，相信很多人都非常羡慕唐伯虎，恨不得自己能变成唐伯虎，也体会下当学霸的感觉……

不过大家看到的这些，只是唐伯虎比较光鲜的一面，而唐伯虎命运的背后，其实还有很多辛酸。

要说唐伯虎的“苦”，就得先说他的“甜”。只有明白了他“甜”的阳光灿烂，才知道他“苦”的肝肠寸断。

首先，不得不承认，唐伯虎的确是个天才。不仅人长得帅，而且聪明伶俐。无论学习琴棋书画，还是诸子百家，唐伯虎都可以说是天赋异禀。

话说，唐伯虎他们家祖上没有出过读书人，他的老爸是个商人，家里条件还不错，于是他老爸做了一个郑重的决定，不能再让唐伯虎当商人。古代轻视商人，科举考试才是老百姓“改变人生命运”的唯一途径。所以，唐老爹铁了一颗心想让唐伯虎当学霸，并且为他请了各种辅导老师，目的只有一个，那就是通过科举，让唐伯虎成为一名光荣的朝廷官员。唐老爹几乎把所有的希望都寄托在了儿子唐伯虎的身上，指望他能光宗耀祖，于是唐老爹也开启了追踪唐伯虎学习的模式。

唐伯虎从小就是个学习散漫加作风散漫的主儿，只有恶作剧的时候，注意力才集中。估计这没少让唐老爹费心，整天气得跟牛魔王似的，在院子里团团转。

可能当时的场景是这样的。

脑洞剧场

仆人：“老爷不好啦，少爷又不见了。”

唐老爹：“这个臭小子，一会儿也不让我消停。他跑不远，给我找！”

仆人："是！"

唐老爹："唐伯虎，给我滚出来。你已经被包围啦。"

仆人："老爷咱就俩人，不能说包围。"

唐老爹："伯虎，你快出来，我已经看见你啦！"

为了学习的事情，估计父子俩没少斗智斗勇。抓到唐伯虎了吧，打也不是，骂也不是。不过好在唐伯虎最后还是很争气的，他十六岁时考了苏州府试第一名，由此成为府学生员。

按理说，唐伯虎应该就此走在了学霸的路上。可是没有，他延续着原来的风格，依旧调皮捣蛋，只不过这回他有了搭档。此人名叫张灵，也是一个才子，人很聪明，好喝酒，书画文章也都很有特色。

据说，俩人经常勾搭在一起饮酒游玩，他和唐伯虎的关系，那简直就像是在厕所待了一天的苍蝇碰上了在外面滚了一天粪球的屎壳郎，"臭味相投"啊。

有一次，唐伯虎和张灵拉着祝枝山，故意在雨雪天打扮成乞丐，一边唱着《莲花落》一边行乞，讨来钱了就去买酒，然后到废弃的寺庙里豪饮，不是一般的惬意。

可是在唐伯虎二十五岁那年，平凡顺遂的生活突然改变了……唐伯虎的父母、妹妹、妻子，还有刚刚出生的孩子相继离世。唐伯虎心情非常低落，几乎放弃了科考仕途之路。即便在人前表现得再洒脱，再无所谓，相信他内心的痛楚一定不会少。因为在这个世界上，有一种人的活法就是死要面子活受罪。

还好，唐伯虎的身边还有一群好兄弟，祝枝山就是其中一个。就在唐伯虎处于人生低谷的时候，祝枝山站了出来，他对唐伯虎说了一番话，这段话后来被记录在祝枝山为唐伯虎写的墓志铭上："子欲成先志，当且事时业；若必从己愿，便可褫襕幞，烧科策。今徒籍名泮庐，目不接其册子，则取舍奈何？"

大概意思是：如果你还念着你的父亲，想要继承他的遗愿，你就应该考科举。如果你想遵从自己的想法，那么大可以脱去学校的衣服，烧掉那些科举书籍。现在白白地留名于学宫，却又不看那些书，你到底想怎样呢？

这番话说完，留给了唐伯虎人生当中第一次重大的抉择，这科举之路究竟是往前走还是停滞不前呢？而唐伯虎最后的决定是——向前走！

不知道他做这个决定的时候，脑海中有没有闪现父亲的画面，如果世上真有灵魂，他的父亲一定会为他的决定宽慰许多。当一个调皮的孩子因为变故而蜕变成熟的时候，爆发的力量有时是惊人的。

唐伯虎后来在应天府（当时称南京为应天府，北京为顺天府）乡试中考了第一名，从此唐伯虎多了一个名字——唐解元。

脑洞剧场

众宾客：“恭喜，恭喜，恭喜。”

唐伯虎：“感谢感谢，感谢诸位啊！”

宾客甲：“唐解元啊，实不相瞒。我一早就看出来了，你是肯定能中。”

唐伯虎：“虽然你这么说了，但这顿还得你请啊。”

宾客乙：“我同意！而且，那天我夜观星斗，掐指一算——”

唐伯虎：“我说你大晚上算什么？”

宾客乙：“这不是重点啦。我算出来，我们的唐解元还会再中会元！”

唐伯虎："是吗？真要是如此，我们就来一场说走就走的旅行，我带着你们。"

下面人声音特别齐："你带着钱。"

推杯换盏间，唐伯虎尝到了幸福的味道。

人生得意须尽欢，莫使金樽空对月。这时可能会有人想到唐伯虎点秋香的故事，不过秋香是真没有。唐伯虎点秋香的故事是小说家杜撰出来的。据说这个故事的第一版，主人公根本就不是唐伯虎，而是一个叫作陈元超的人。

这是明代小说家王同轨的小说集《耳谈》里的故事，主人公苏州才子陈元超，性格设定和唐伯虎很像，也是个放荡不羁的人。一次，他和朋友外出游玩，正好与秋香偶遇，秋香很给面子，对陈公子笑了一下，直接把陈公子笑迷糊了。

他四处暗访秋香的踪迹，最后乔装打扮进入官宦人家，做了公子书童。当陈元超发现两个公子已经离不开他的时候，他便谎称要回家娶媳妇儿了。两个公子单纯啊，说："你看，府上美女这么多，你随便挑一个呗。"

陈公子说："那就挑一个吧。"

于是陈元超和秋香喜结连理。

后来，冯梦龙先生把这个故事改编了一下，男主角才变成了唐伯虎。

接下来他要面对的就是会试了。这里简单说一下明朝科举考试的流程，明朝科举分乡试、会试、殿试三级。考中童生便有了参加乡试的机会。乡试考中了就是举人，举人就有了参加会试的资格。考中举人就很难了，难度系数可以参考《范进中举》（范进：一个考上举人就高兴疯了的人）。乡试的第一名就是解元。接着是会试，会试考中了就是贡士，而会试的第一名叫作会元。最后是殿试，考中就是进士，这里面的第一名，就是咱们最熟悉的状元了。如果在乡试、会试和殿试三场考试中都能考第一名，那就是连中三元——解元、会元、状元。唐伯虎是很有希望连中三元的人。因为唐伯虎参加乡试的时候考了第一名，当时的主考官梁储很欣赏他的文章，还朝之后，把文章又拿给学士程敏政看，程敏政也觉得写得非常好。这个程敏政就是接下来在京城举行的会试的主考官之一。要说这运气来了，挡也挡不住。获得了主

唉
四元一斤甩卖!

考官的赏识，先来个连中二元应该是不在话下了吧。可没想到，这时候出事儿了。

这件事就记录在《明史》里：“敏政总裁会试，江阴富人徐经贿其家童，得试题。事露，言者劾敏政，语连寅，下诏狱，谪为吏。”这说的是，江阴举人徐经收买了当时主考官程敏政的家童，事先得到了试题。后来事情败露，有人就上书弹劾程敏政，而且还牵连了唐伯虎。结果，唐伯虎先被关进了大牢，接着被革除“士”籍，永世不得录用，这一年唐伯虎三十岁。

三十岁，应该说是一个人事业进取的年纪。然而此时的唐伯虎，却体会了从天堂坠落到地狱的滋味。牢狱中的严刑拷打，没有让唐伯虎屈服，但是当他知道，自己永远都不能再参加科考的时候，唐伯虎真的明白了什么叫作心灰意冷。

说来也很讽刺，一个本不愿科考的调皮孩子，当他终于被下令永远不能科考的时候，却怎么也高兴不起来。

第二年，唐伯虎出狱回到苏州，等待他的，不是家乡人的温暖与安慰。曾几何时，那些把他捧到天上的人，此时此刻变成了落井下石的人，他们迫不及待地把他踩在脚底下，蹂躏他本已疲惫的身心，享受着他痛苦的样子。就在这个时候，最该支持他的家人也选择撇清关系，兄弟和他分了家，第二任妻子也离开了他，唐伯虎成了一个真正的“孤家寡人”。

大才子唐伯虎，空有一身才学，可接下来的日子却只能靠卖画为生。后来他为自己建了一座桃花坞，虽然他还是喜欢邀几个好友一起买醉，虽然他在人前还是那么风流洒脱，但是，他真的过得好吗？

不敢想，一个身负才学的人，最后却只能靠卖画为生，内心究竟要承受多少煎熬……

别人笑我太疯癫，我笑他人看不穿；不见五陵豪杰墓，无花无酒锄作田。

7 王守仁

谁说书生皆文弱

说到“书生”这个群体，人们通常都会在前面加一个形容词——文弱，合在一起就是文弱书生。有一段时间这词是褒义,《世说新语·赏誉》里就说“士龙为人，文弱可爱”。后来，大家可能发现弱的成分太多了，人太弱容易挨欺负。于是，后来这个词有点贬义的感觉。

但其实在古代，书生并不都是文弱的。文武兼备的书生也不在少数。下面要说的这位，不仅文武兼备，而且文和武两个方面都达到了极致的水平，此人便是心学的集大成者——王守仁，他还有一个更响亮的名字——王阳明。

即使在古代，文武双全也绝对是一个大大的褒义词。都说流氓会武术，谁也挡不住。其实文人要是会武术，流氓都挡不住。

在宋朝以前，中国的文人基本一直是尚武的，而在宋朝“重文抑武”的政策引导下，文官的地位得到空前的提高，武就不那么被重视了。所以，到明朝，出现一个文武兼备的文坛大家，人们便眼前一亮。在古代，一般来说，特别优秀的人物出现在这个世间，后人往往会编造在这个人出生时有与众不同的征兆，王守仁也一样。

王守仁的与众不同，首先表现在他的严重晚产上。通常胎儿从孕育到出生，需要九到十个月的时间。可王守仁耐力比较强，他十四个月的时候才出生。这是个传言，当然不可信。不仅如此，据说在王守仁出生之前，他奶奶还做了一个奇怪的梦，梦里一个神仙抱着一个孩子从云中飞了下来。我估计他奶奶是太想要孙子了，不过总算得偿所愿，虽然等待的时间有点长。

家里人很喜欢小王，他的爷爷以奶奶的梦境为蓝本，为王守仁起了一个乳名，叫王云。

但王守仁直到五岁都不会说话。据说他很爱看书，并且把他爷爷读的书都默默地记了下来。

后来有一位高人经过他们家时看见了王守仁，感觉到了他的不凡，于是提议给他改个名字。从这以后，王守仁才叫王守仁。

守仁这个名字就讲究多了，在《论语》里还能找到出处："知及之，仁不能守之，虽得之，必失之。"什么意思呢？这是说，知识和能力达到一定水平了，如果不能用仁义来守护它，即便现在得到了，将来也一定会失去。这里就不得不感叹一下中国文化的博大精深，一个名字都能说出这么大的道理。

没过多久，王守仁开口说话了。

王守仁会说话后，再加上他平日里的积累，学习对他来说简直是太简单了。

王守仁十五岁的时候开始四处游历，观览山川地形，领略边塞风光。他在这段时间不仅增长了见识，而且也开始了对知识的不懈追求。

据说，王守仁为了求学，差点把结婚都给耽误了。

王守仁在十七岁的时候，准备和诸家的女儿成婚，可就在结婚那天，大家都找不到他了。

他岳父都懵了："他这是逃婚了吗？"

一家人开始到处找，后来终于找到了。原来，这天他在外面闲逛的时候，遇到了一位道士。他看见道士在那里打坐，就跑去向道士请教学问。道士给他讲了一些养生术的要领，然后王守仁就跟道士对着打坐。

脑洞剧场

道士："修道的目的是什么，你知道吗？"

王守仁："在下觉得，修道的目的就是为了弄明白什么是道。"

道士点点头："有人修道是为了求道，有人修道却是为了给自己找出路。出路是什么，你知道吗？"

王守仁："我以为出路就是谋生的工作。"

道士："你知道找工作是为了什么吗？"

王守仁："为了让生活变得更美丽。"

俗话说成家立业，成了家之后，王守仁就到要立业的时候了。

后来，他去拜访了明代著名的理学家娄谅，继续求学。娄谅就向他传授了格物致知的学问。

格物致知是中国古代儒家思想中的一个重要概念。儒家有一套自我要求的体系，我们总说修身、齐家、治国、平天下，其实在这几个词前面还有四个词，那就是格物、致知、诚意、正心。所以完整版应该是格物、致知、诚意、正心、修身、齐家、治国、平天下，源于《礼记》的大学篇。

那么，“格物致知”是什么意思呢？这个在历史上是有争议的，但是相信王守仁学的那个概念应该更接近于南宋朱熹的解释，那就是通过对万事万物的观察和领悟，来追求完善的智慧和知识。通过研究事物来接近真理，这听起来就像我们现在很多科学家在做的事情。所以这在当时的王守仁看来，也肯定是相当先进的想法。直到后来，在清末的洋务学堂中，人们还一直把物理、化学这些学科称为“格致”，其实就是“格物致知”的简称。

既然知道了接近真理的方法，下一步显然就是实践了，因为实践是检验真理的唯一标准。于是，王守仁就

准备实践一下格物致知，看看到底好使不好使。

王守仁迅速锁定了准备“格”的东西，那就是竹子。他发现官舍旁边有好多竹子，王守仁心说：“既然格物就可以接近智慧，我就‘格’竹子吧，这多好，上班也能‘格’。”

于是，他埋头格竹，这就是著名的“格竹”的典故。

下人：“大人，您歇会儿吧。您都看好几天竹子了，看出点儿啥来了吗？”

王守仁：“我看着这竹子……有点儿重影了。”

下人：“您这是眼疲劳啊，都看了这么多天了也没用，算了吧。”

王守仁：“你懂什么！追求真理哪有那么容易，我就跟竹子耗上了！”

下人：“大人，那您要不要先吃点东西？”

王守仁：“好吧，今天吃什么？”

“笋——”

（不远处，传来了王守仁的呕吐声。）

上面是编的，但古书里的确记载着王守仁“格竹”的故事。王守仁对前代儒家的经典理论深信不疑，他相信一草一木都包含着智慧，于是就这么锲而不舍地格竹。最后竹子没格出啥来，反而把自己给“格”出病了。这严重打击了王守仁的信心，王守仁心说：“我‘格’得这么认真，怎么会把自己‘格’病了呢？肯定是哪里不对……”这不禁让他对朱熹的学说产生了怀疑。

看来现成的先哲思想是没法用了，王守仁想了想：“要不我自己创造一个思想吧。”这还真不是开玩笑，在对先哲思想的批判中，王守仁的确逐渐建立了一套属于自己的理论——心学。

王守仁在格物致知的基础上做了细微的改动。他认为，格物其实是格心。意思是说，以后不用再没事对着各种事物去格了，格自己的心就行了。在王守仁的理论中，最重要的就是自己的良心，而良心就是指引自己最好的老师，格物的过程也被称为致良知。不过，光闷头跟自己死磕也不行，还得知行合一，这叫理论和实际相结合。

王守仁创立完这个学说后，一时间拥有了无数粉丝。后来他还发展了不少学生，这些学生里还有外国人士。

像王守仁这样，没有自己满意的学说，就自创学说，即使在古代的强人当中，也绝对属于强人了。

前面说过，王守仁是一个文武双全的人，这仅仅是他在文方面的成就，接下来说说他在武方面的成就。

《明史》中是这样记载的：“（王守仁）弱冠举乡试，

学大进。顾益好言兵，且善射。”说的是，王守仁二十岁的时候，在乡试中考中了举人，学业大有长进。只是他更加喜欢谈论军事。所以他对自己的定位显然不是文弱书生。他还培养了自己一个特长，那就是射箭，据说百发百中。

没过几年，他又考中了进士，后来，正式成为朝廷官员，得了个六品的官职。他为官之初，其实并没有多少亮点。因为他一开始跟人打交道的时间，还不如跟竹子相处的时间长呢，他一直在潜心做学问。

直到后来，江西一带出现了很多盗贼，王守仁的武将才能才逐渐显现出来。当时王守仁的上司兵部尚书王琼特别赏识他，对他大力推荐，所以这一次剿贼，朝廷就让王守仁去了。王守仁过去一看，果然了不得，这些贼不仅各占山头，而且都各自称王，很是猖狂。

同时，王守仁也发现了一个问题，他发现在官府中有不少盗贼的耳目。于是，他把那些又老又狡猾的衙役叫来审问，衙役浑身哆嗦不敢隐瞒，都如实坦白了。王守仁赦免了他们的罪过，让他们侦探盗贼的情报，于是那些衙役叛变了。

原来给盗贼报信的人，现在变成了给王守仁报信的人，打信息战，王守仁的确是有一手。没过多久，他就把盗贼们打懵了，在一次次围剿中，盗贼们的自尊心被疯狂地碾压着。动不动被连破四十多个寨子，动不动被斩杀、俘虏几千人，弄得盗贼们不禁仰天长叹："盗贼也是人哪——"

王守仁是正德十一年（1516年）被调去剿贼的，他率领一帮书生、小将，仅仅用了一年的时间，就把为患数十年的盗贼打得无家可归。以至于最后，附近的老百姓都把王守仁当作神一样崇拜。

不过王守仁的战绩不只这些，他还率兵平定过明武宗时期宁王朱宸濠发动的叛乱。那一次，王守仁也是打的信息战，派了很多间谍去扰乱宁王的部署，最后害得宁王贻误了战机。仅用了三十五天，宁王就被王守仁生擒。

这就是文武双全的王守仁。我想，其实做个书生也不错，但一定要做到像王守仁一样，这样才过瘾。

8 徐霞客

穷游大神

我们曾在《秦汉》册介绍过出使西域的张骞，描述过他在旅途中经历的重重困难。不过张骞再困难，他总没有差过钱，因为毕竟是汉武帝大力资助的，只要他注意别让人打劫了，钱永远都不是问题。

可对于徐霞客来说，没钱却是最大的问题。低头看看那已经勒得不能再紧的裤腰带，只有他自己清楚，他才是真正地用生命在旅游。

所谓穷游，就是没钱也要旅游。所谓大神，就是对某件事经验丰富的人。所谓穷游大神，就是一个经常旅游，且经验丰富，却没在旅游上花多少钱的人。

徐霞客就是这样一位穷游大神！

话说，徐霞客家里本来是很富有的，祖上都是读书人，称得上是书香门第。家里人对他也是颇有期望，可能是这个原因，家里人给他取名叫弘祖，这才是他的本名。霞客是他的号，不过现在大家都习惯叫他徐霞客。

徐霞客的父亲有一个爱好，那就是旅游，喜欢到处走走看看，欣赏祖国的名山大川。徐霞客可能受他父亲的影响，所以特别喜欢读关于地理、探险和游记类的书籍。

孩子喜欢读书，这是好事啊，家里必须全力支持。这时，很多家长可能就要忙着找家教、请名师了。徐霞客他们家一点儿也不着急，认为书就是最好的老师。

徐霞客的祖上修筑了一座楼专门用来藏书，叫万卷楼，里面书非常多，这可把幼小的徐霞客美坏了。

据说，徐霞客读书非常认真，只要是他读过的书，里面的内容，那是过目不忘。而且他读书的速度还特别地快，他们家的藏书很快就不够徐霞客看了。

少年徐霞客就这样有了第一个烦恼——书不够看。

所以，岁数还不大的徐霞客就一边在家里读书，一边到处搜集没有看过的书。只要看到好书，即使没带钱，他也要脱掉身上的衣服把书换过来。

脑洞剧场

家人：“回来啦？”

徐霞客：“回来了。”

家人：“又看见好书啦？”

徐霞客：“是啊……”

家人：“我猜这应该是一套书，而且是精装的。”

徐霞客：“你是怎么知道的？”

家人：“因为今天你比平时脱得都干净。平时拿衣服换书，光用外袍就行了，今天连衬衣都没了。”

而且徐霞客读书，可不是一读了之，他还经常会发表一些感慨，显示出他与众不同的气质。据说他年幼时，有一次正在看书呢，突然就笑出来了。

他母亲若有所思，然后问：“你不会是在看笑话呢吧？”

徐霞客答道：“这本书的作者太有意思了。他说全国有九州五岳，而他自己已经走完了八州，攀登了四岳。就不能坚持走完吗？”

母亲都听傻了：“人家那是谦虚，懂吗？”

只见徐霞客继续自说自话：“要是我，非要游九州、登五岳不可。”

母亲很慈祥地看了看他，说：“给我好好看书！”

孩子有想法，爱看书，还过目不忘，徐霞客的这些特点还是让家里比较欣慰的，全家人心说：“这孩子有前途，应该能考上科举。”于是徐霞客在十五岁的时候去参加了童子试，结果却没考上。不过他要是考上科举，走了仕途，估计就没有《徐霞客游记》这本著作了。

在明代，朝廷通过考试来选拔人才，所谓学而优则仕，考试的范围就是儒家经典的四书五经。而且当时的科举考试，有一个硬性规定，那就是所写的文章必须遵循规定的八股文形式，超出规定的话，对不起，只能给个不合格。

按照《徐霞客游记》的文体，大概可以推测出，徐霞客最擅长写的应该是日记体，这跟八股文的要求相差了十万八千里。很多人推测徐霞客可能是因为这个原因落第的。我觉得也未必，你想徐霞客平时看的都是什么书呢，都是地方志、历史类书籍、散文、游记。细心的读者肯定注意到了，没有一本是考试范围里的！都背过也没用。

考试没考上，少年徐霞客又多了一个烦恼，长大以后做什么呢？做一个单纯的富二代？

这显然不符合徐霞客的性格。总要找一些有意义的事情来做，于是他宣布了一个庄严的决定：以后再也不考试了，专心旅游。

在古代，读书人的出路就是考科举当官员，这才叫学以致用。而他的母亲却对徐霞客说："志在四方，男子事也。你去外面游历吧！到天地间去舒展胸怀，广增见识。不要因为我在，就像篱笆里的小鸡，套在车辕上的小马，留在家园，无所作为。"

于是，徐霞客就这样开始了自己游历天下的旅程，头戴母亲为他做的远游冠，肩背简单的行李，离开了家乡。

这一年，他二十二岁。

几百年前，对于徐霞客这样自费旅游的人来说，交

通方式是很单一的，主要是靠走，也有乘车船的时候。徐霞客一生所到之处，基本都是靠两条腿走出来的。

当时，一位文学地位、政治地位两手抓的重量级人物——钱谦益，为徐霞客写了一个传，里面就有这样的描述：

> 其行也，从一奴或一僧、一杖、一襆被，不治装，不裹粮；能忍饥数日，能遇食即饱，能徒步走数百里，凌绝壁，冒丛箐，扳援下上，悬度绠汲，捷如青猿，健如黄犊。

意思是说，徐霞客出行，有时是带着一个仆人，有时是跟着一个僧人，带一根拐杖、一件包袱。从来不多带行李，连吃的都不带；必要的话，他可以几天不吃饭，路上遇到什么就吃什么。而且徐霞客的耐力惊人，他要是吃饱了，能徒步走几百里。没有他去不了的地方，攀登过陡峭的山壁，踏过丛生的竹林。上下攀缘，空中横渡山谷，对他来说就像拿绳子打水一样简单。他敏捷得像只猴子，强健得像头小牛。

这就是钱谦益对他的评价。总感觉，徐霞客要不是专注于游记的创作，应该还能写本类似《荒野求生》的书。

脑洞剧场

路上看见水果了，老徐说："看见没，这水果能吃。"

路上碰见野鸡了，"看见没，这鸡也能吃。"

看见水里有鱼，"这鱼也能吃。"

路上碰见狼了……旁边人问："这个能吃吗？"

"能吃……你盯着它别让它跑了，我先去趟厕所。"（徐霞客式逃跑。）

上面是编的，历史上的徐霞客自然不会这么没义气。前面提到过，徐霞客的家境本来还可以，而且大家想想，徐霞客从二十二岁到五十多岁，三十多年间几乎都在外面游历，没有去工作，一般家境如何供养得起。但是，徐霞客旅游向来轻装简从，人家就是要穷游。所以贯穿徐霞客漫长旅途的，就是穷。

在徐霞客游历考察的三十多年间，他先后四次进行了长距离的跋涉，游历了相当于现代的江苏、浙江、山东、山西、陕西、河北、河南、安徽、江西、福建、广东、湖南、湖北、广西、贵州、云南和北京、天津、上海等二十一个省、市、自治区，足迹遍及大半个中国。他寻访的地方，多是荒凉的穷乡僻壤，或是人迹罕至的边疆地区，几次遇到生命危险，出生入死，尝尽了旅途的艰辛。

他穷到什么地步了呢？我们从徐霞客最后一次游历的笔记中可以看出一些端倪。

晚年的徐霞客在最后一次旅行中，遇到了一位叫静闻的和尚，这个和尚想去鸡足山（今云南大理境内，迦叶菩萨的道场），两人一拍即合，决定结伴而行。静闻和尚手里有一部用自己的血写成的《法华经》，他此行的目的是把这部经书拿到鸡足山去供奉。徐霞客他们是十九日出发的，当月三十日他写了一篇日记，其中记载道："是日复借湛融师银十两，以益游资。"

大家想想，刚出门十一天就开始跟别人借钱，这也算是穷到一定份儿上了。不过，这既不是他第一次借钱，也不是他最后一次借钱。总之吧，凑够钱了，旅行还得继续。

就在他们以为后面的路会顺利一点儿的时候，老天和他们开了个大玩笑。一天晚上，徐霞客和静闻和尚一行人正在湘江上泛舟时，忽然来了一群盗贼，船上的人一开始都跪在那里求饶，盗贼们哪会听他们的，左砍右劈，剩下的人明白了一个道理，那就是不要跟不讲道理的人讲道理。

哗啦一下，大家伙都跳水了。徐霞客最后一个跳入水中，后来被别的船上的人救了。

脑洞剧场

等强盗走了之后，徐霞客才想起来："我的小伙伴们呢？怎么一个也找不着了？这我以后跟谁借钱呢？"

没一会儿工夫，小伙伴们又聚在一起了，大家都活着，彼此相互问候。徐霞客很开心："你们没死啊？"

大家伙也很客气："放心吧，你还没还钱呢，我们死不了。"

总之，湘江遇盗之后，徐霞客又没钱了，他穷得就剩一根银耳挖了，后来还拿它换了衣服。徐霞客心想："这次穷游简直穷透了啊。再这么下去，就得沿街乞讨了。怎么办呢？还是得接着借钱！"

好在此处离湖南的衡阳不远，徐霞客有个叫金祥甫的朋友就住在那里。于是，徐霞客等人下了船就直奔金祥甫家里去借钱。

由于金祥甫一时筹不到那么多钱，这一帮人还贴心地住在了他家，表示要慢慢等……

这期间，他们还不忘出去玩几趟。我相信，在老徐他们住的这段日子里，金祥甫筹钱的积极性一定特别高，因为盼着他们早点走。

果然没多久，金祥甫就从互济会筹到了钱，这才借给了徐霞客他们。于是他和静闻和尚向着鸡足山继续赶路。

可是，这时一心想去鸡足山的静闻和尚身体不行了，之前湘江遇盗的时候他受了伤，这一路下来，伤势更重了，不久便病死在了路上。想到和静闻和尚这一路的相处，徐霞客不禁悲从中来。焚化了静闻和尚，徐霞客下定决心，要把他的骨灰带到鸡足山。

在接下来的旅途中，徐霞客的朋友圈发挥了极大的作用，他们有钱的出钱，有力的出力，在这些热心朋友的帮助下，徐霞客终于完成了最后的心愿，到达了鸡足山，然后把静闻和尚的骨灰葬在了那里。他也知道，鸡足山是他旅行的最后一站了。

眺望山下的风景，徐霞客长舒了一口气，多年旅途的艰辛，早已使他的身体不堪重负了。不过，此时他的脸上只有欣慰的笑容，“旅行大概也是有终点的，就像人生一样。人可以有很多种活法，但一定要找到活着的意义，我想我应该找到了。”

9 明熹宗朱由校

充满偶然的短暂一生

有一种说法认为，构成当下的所有现状，都是源于偶然。一个个的偶然，促成了最后的结果。接下来要说的这位主人公，在他的一生中，就充满着各种偶然。

他也总要面对这些生活中的偶然，而且讽刺的是，这个人的身份在古代人看来，本应该是无所不能的。因为他是一位皇帝。他就是明熹宗朱由校。

其实，朱由校当上皇帝的经历本就充满着偶然性。万历三十三年，也就是1605年，朱由校出生。历史记载，朱由校的生母姓王，在万历年间，他的生母是当时皇太子朱常洛众多选侍中的一个，到死时也只是个才人。

作为随时可能被取代，又不受宠的皇太子的庶长子，这时的朱由校看不出来有什么优势去继承皇位。

可是就在十四岁的时候，朱由校的生活发生了巨大变故，因为他的母亲王氏去世了。小小年纪丧母，谁看了都会心疼的。所以，当时的万历皇帝就让皇太子朱常洛的一个媳妇儿李氏来抚养朱由校。朱常洛姓李的媳妇儿有两个，为了区分，当时分别称她们为东李和西李。很偶然，给朱由校选的养母就是西李。

给朱由校找了养母之后，万历可能觉得自己完成任务了，第二年就驾崩了。太子朱常洛即位，这就是明光宗。

后来，朱由校的养母，也就是西李，竟成了最得宠的女人。皇帝想封她为贵妃，她不愿意，因为她想当皇后。可皇后还没当成就出事儿了，皇帝病倒了。

当时虽然万历皇帝已经死了，但是他的宠妃郑贵妃在宫内依然能够呼风唤雨，有可能就是她和一个掌管御药房的太监勾结在一起，而史书记载这个太监给朱常洛吃了泻药，加重了病情。之后，鸿胪寺丞李可灼又接连进献“红丸”。朱常洛吃下李可灼自称的这种“仙药”后，很快就驾崩了。从八月初一登基到九月初一去世，他在位的时间只有一个月，所以明光宗朱常洛也被称为“一月天子”。

短短一个多月，连着驾崩两个皇帝，这是谁都没料到的。很多官员转眼之间就成了三朝元老。

朱由校还没回过神来呢，就从太子变成了皇帝。但不管怎么样，年仅十五岁的他，都必须来当这个皇帝，肩负起明朝的江山。

在即位之前，朱由校遇到了一点小麻烦。明光宗朱常洛即位后，西李陪同皇帝住在乾清宫，要知道乾清宫可是皇帝平时居住和办公的地方。前任皇帝死后，西李还赖着不走，这就让大臣们有理由怀疑西李的动机了，感觉她貌似想借机来一个垂帘听政。大臣们心想这可不行，乾清宫是皇帝的，先皇后妃，即使是太后，都没有资格住在乾清宫。于是，大臣们特别热情地帮助西李完成了搬家。这在历史上被称为“移宫案”。不过好在，道路是曲折的，但结果是喜人的，朱由校还是成功地当上了皇帝，就是历史上有名的明熹宗。

朱由校即位的时候，已经十五岁了，但是明朝的皇子读书启蒙的时间比较晚，匆匆登上皇位的他，几乎没有受过皇帝上岗前的培训，处理国事的能力也很有限。按理说，他这正是青春躁动的年纪，也不像现在孩子学习这么紧张，不仅不用准备高考，而且全国所有监考老师都是自己的手下。

本来父母还可以稍微限制一下他，可一回头，父母都没了，养母也搬走了，这就没有办法了。歌里面怎么唱的？“青春少年是样样红，你是主人翁。”对于朱由校来说，作为没有了束缚的青春少年，他就是主人翁了。

但是朱由校并没有做到样样红，因为他只想当木匠。

脑洞剧场

某日早朝前，太监说：“陛下，要上朝啦。”

朱由校：“别烦我，做柜子呢！”

又过了三个小时，太监说：“陛下，该批奏折了。”

朱由校：“……”

总之，作为一位年轻又任性的皇帝，朱由校用实际行动告诉我们——比起当皇帝，他更喜欢当木匠。

话说，这明朝的宫廷，也的确是什么怪事都有。在明朝的皇帝里，有叔叔逼侄子退位的，有被敌人俘虏的，有怕老婆的，有躲在后宫几十年不出门一心修道的，有喜欢当将军的……总之，明朝的皇帝好像都个性十足。而明熹宗朱由校，他的爱好很特殊，他喜欢当木匠，做木器活儿。

朱由校的习性恐怕也是改不了了。什么叫任性？当着皇帝，担着江山，却潜心钻研木工，在盛世可以，在内有饥荒、农民起义，外有边患的局势下，这就是任性，就是没有承担皇帝的职责。

不过，话说朱由校虽然没有做个好皇帝的天赋，但他从小就心灵手巧，当了皇帝以后，他的木工手艺更达到了炉火纯青的程度。地上建的，家里摆的，手上拿的，只有你想不到的，没有他做不到的。

按理说，皇帝应该是时时想着国家大事，偶尔去找爱妃们探讨一下人生什么的。人家朱由校可不是这样，没事儿就在宫里琢磨："今年春季新款家具做什么啊？今天做什么木匠活来解闷啊？"

白天去找他，他在做木匠活；中午去找他，他在做木匠活；晚上去找他，他还是在做木匠活。

弄得无论是朝廷大臣，还是六宫粉黛都无比悲观，

心说：“怎么说也是人啊，怎么到头来还不如木头混得好呢？”每每想到皇帝朱由校，他们总要轻轻叹气：“这块木头！”

地球上已经没有什么可以阻止朱由校做木工了。只要给他一块木头，朱由校简直可以做出任何东西。他应该可以说是模型爱好者的始祖了，现在人们做模型还得看着图纸，买已经做好了的模块，人家朱由校不需要，想要啥就自己做，只要是木头做的东西，看一眼就会了。

据说，他还发明了中国最早的喷泉和折叠床。只要是他做出来的，拿到市面上去卖，一定供不应求，要不是他跟他爹一样命短，没准可以推动科技向前发展。

就这样，一位偶然间被命运匆匆推上皇位的人，让历史上多了一位特长是木工的皇帝。

朱由校的一生，除了经历过明朝三大疑案中的“红丸案”“移宫案”之外，还有不少偶然事件。这就不得不提到一个年份，那就是天启六年（1626 年）。在这一年发生了两件影响很大的事。

第一件事就是，努尔哈赤带领后金军攻打宁远城。宁远城是明朝在山海关外的军事重镇，当时镇守这里的是袁崇焕。从朱由校即位之初，后金就是一个很大的威胁。这次更厉害了，努尔哈赤带了六万多八旗兵。而袁崇焕这边呢，所有人加一起还不到两万。于是袁崇焕确定了基本方略，坚壁清野，固守城池，城头架上几门大炮，有事儿没事儿打两炮。

从军事战略层面来说，最理想的防守模式应该是拒敌于城外，死守城中实际上是很被动的局面。不过袁崇焕防守得还算比较顺利，而且在防守过程中，发生了一件极为偶然的事情，那就是袁崇焕打的炮弹里面，有一发中奖了。

这件事就记录在明朝天启年间的兵部尚书、蓟辽经略高第的奏报中："奴贼攻宁远，炮毙一大头目，用红布包裹，众贼抬去，放声大哭。"意思是，袁崇焕的一发炮弹，大概是打中了后金的一位大人物，于是后金军队拿红布裹着抬走了，一边走，一边放声大哭。于是史学界有很多人猜测，打中的这个人很可能是努尔哈赤，不然后金军队的泪腺不应该这么发达。不管怎样，袁崇焕因此获得了明军对后金军的首场胜利，这就是宁远大捷。

就在同一年，还发生了一件事情，而这件事情直到现在仍然是一个未解之谜——王恭厂大爆炸。

天启六年，农历五月初六，在北京的王恭厂一带发生了一次离奇的灾难，史上称为王恭厂大爆炸。无论正史还是野史对这一事件都有记载，只是没有一个人能说清楚它发生的真正原因。

事件发生的时间大概在上午九点，京城本是晴空万里，就在所有人都以为这一天跟平时没有什么区别的时候，突然回荡出一声巨响，伴随着这声巨响，空中还鼓动着巨大的火球，一朵巨大的云团直立在京城西南角，霎那间，狂风骤起，天昏地暗，无论树木、石块，还是人和牲口，都在一瞬间被卷入空中，又从空中坠落，死伤的人非常多。

发生爆炸的王恭厂，本来是明朝制造火药的地方，据说这里囤积了不少火药。所以很多人猜测，这次爆炸可能是火药引火所致。可奇怪的是，在爆炸的中心并没有发现任何被灼烧过的痕迹。不仅如此，最令人感到迷惑的是，在爆炸事件中死伤的人，全都是赤身裸体的。什么样的爆炸才会造成这样的现象呢？

根据诸多史料的记载，王恭厂大爆炸确有其事，但其发生原因，科学家也无法给出一个合理的解释。于是人们萌生出了很多猜测，地震灾难说、陨石灾难说、龙卷风灾难说、火药焚爆说，甚至外星来客说，等等。

不过，这些猜测最后全被一一推翻。没错，所以直到现在，我们还是不知道王恭厂大爆炸的起因是什么。

可以确定的是，这起事件让明熹宗朱由校非常被动，因为当时的民间，推崇天人感应。几乎所有的人都认为，之所以发生此事，是上天对皇帝的一种警示。一时间，众说纷纭，所以最后朱由校不得不下罪己诏，并大赦天下。

王恭厂大爆炸发生后的第二年，朱由校也驾崩了，年仅二十三岁……

10 努尔哈赤

祖宗喜欢守护努力的人

人们都说父母是孩子的“保护伞”，任凭外面的世界刮风下雨，父母始终会守护自己的孩子，可无论是否出于父母们的本意，“保护伞”依然有保质期，有的也许是因为父母不愿再提供保护，有的也许是父母不能再提供保护。

所以，通常每个人都要学会成长，不但为保护自己，也为保护家族。

在清朝，有个人堪称野蛮式成长，他不仅白手起家，还为子孙们统治中原打下了坚实的基础，他就是大清王朝的奠基人——清太祖努尔哈赤。

努尔哈赤这个名字大家可能不算陌生。这个名字是满语音译过来的，意思是野猪皮。

一代豪杰，雄才大略，统一女真各部的努尔哈赤，为什么叫野猪皮呢？

其实这个名字的含义相当凶猛，在当地有句老话叫“一猪、二熊、三老虎”。真打起架来，野猪可是这三种动物里面最玩命的。虽然老虎能打得过野猪，但老虎就算再饿一般也不会打野猪的主意，因为就算打赢，后面也没劲儿吃饭了。

努尔哈赤就是这样，连名字都取得生猛。不过想要白手起家，人有时候就需要有像野猪一样的狠劲儿。

但其实，努尔哈赤并不是一个人在奋斗，为了让努尔哈赤拥有高贵的身份和奋斗的基础，他的祖宗们也都挺努力的，也许努尔哈赤都没有察觉到，祖辈们早就为他撑起了“保护伞”。

历数我们几千年的历史，但凡一个人成名之后，基本都要编点神话故事，来证明他的成功不是偶然。比如，汉高祖刘邦的母亲怀孕前梦到了神仙，天地昏暗，雷电交加，还有一条龙在她身上；隋文帝杨坚出生时满屋紫气；宋太祖赵匡胤出生时满屋红光还有异香。在当时人们看来这简直太神奇了，毕竟那会儿还没有灯泡。

皇家的人必须异于常人。所以那个年头，自己身上要是没带点仙气儿，都不好意思当皇帝。于是，努尔哈赤的祖宗们就努力地让努尔哈赤他们变得都不是人了，而是神仙的后代。

这件事就要从吉林长白山说起。据《清实录·太祖武皇帝实录》记载，在很久很久以前，长白山的山脚下曾有一个湖。这天，来了三位貌美如花的仙女，大姐叫恩古伦，二姐叫正古伦，三妹叫佛库伦，当她们看到那美丽的湖水时，便被深深地吸引住了。

三姐妹一看四周无人，二话不说就跳进了湖里，湖中瞬间荡起一片莺莺燕燕的声音。

当三姐妹泡完澡上岸的时候，湖边出现了一只小鸟。话说，这只鸟也没有空手来，它叼着一颗色彩鲜艳的果实，瞬间就引起了三妹佛库伦的注意。

这小鸟也仿佛通灵性一般，把这颗果实放到了她的衣服上，佛库伦开心地把果实直接含在嘴里，一边含着果实，一边穿衣服，刚穿好衣服，三妹佛库伦突然把果实给咽下去了。

而当果实进入到肚子之后，三妹佛库伦发现自己怀孕了。

佛库伦就对两位姐姐说："我可能怀孕了，不能跟你们一块飞回天上了。"

两位姐姐点点头，说道："没事，我们先走。你生完孩子再飞来得及，咱都吃过仙丹了，死不了，这应该就是天意。"

于是，后来三妹佛库伦生下了一个大胖娃娃。

这个胖娃娃是谁呢？他就是努尔哈赤的老祖宗爱新觉罗·布库里雍顺，也就是爱新觉罗家族的第一代当家人。据说，他生下来就会说话，长得很快，没多久就长大了，他的仙女母亲自然便回到了天上，留下他独自在人间闯荡。后来，布库里雍顺在江边造了一条船，顺流而下，漂到了一个叫俄多里城的地方。登上岸后，他在这里安了家，娶妻生子，繁衍生息，还收复了附近的三姓居民，被拥立为主，国号为满洲。

布库里雍顺已经很努力了，他为后代们留下了一个神仙后裔的身份，因为他的母亲是个仙女。

话说，在俄多里城，爱新觉罗家族非常努力地生活着，族人越来越多，而孩子们也是越来越有出息。

下一位替努尔哈赤撑伞的祖宗也正式登场了，他就是爱新觉罗·猛哥帖木儿。在明朝，他的身份是大明建州左卫指挥使，这可是官方认证的身份。根据《东华录》记载，猛哥帖木儿是金朝贵族的后裔，还在元朝当过万户侯。后来朱元璋推翻元朝，建立明朝。猛哥帖木儿身为元朝的万户侯，便举家北迁到了松花江支流辉发河一带。

直到朱棣发动靖难之役，夺得天下之后，猛哥帖木儿才被招降，不仅恢复了他万户侯的身份，而且还封他为大明建州左卫指挥使，统帅一万士兵。也正是他，后来创立了建州女真部落。

不过，随着部落逐渐壮大，周围的部落便打起了他的主意，不久之后便爆发了一场战斗，史称“斡木河之变”。经此一役，努尔哈赤家族辛辛苦苦经营这么多年，一夜就回到了解放前。

到了努尔哈赤父亲塔克世这一代，努尔哈赤的母亲喜塔腊氏生下了三个儿子。他们分别是长子努尔哈赤，次子舒尔哈齐，三子雅尔哈齐。

努尔哈赤三兄弟还小的时候，母亲就去世了，那时他才十岁。他们的父亲后来又娶了一个老婆，但继母对他们兄弟非常不好。在努尔哈赤十九岁时，塔克世听信妻子纳喇氏的谗言，跟儿子们分了家。努尔哈赤只分到了少量的奴隶和家畜。为了生计，努尔哈赤要学会自己面对这个世界，于是他采松子、挖人参，然后到明朝控制的抚顺售卖。

努尔哈赤绝对没有想到，在抚顺有一个足以改变他命运的人，他就是辽东总兵李成梁。

李成梁，可以说是明朝的第一猛将。他上任之前，辽东局势不是一般的乱，简直乱得都没有人办理交接手续，因为前几任总兵都被蒙古人杀了。可李成梁来了之后，蒙古人却不敢再跟明军打了。

此消彼长，女真活跃起来。当时女真分为建州女真、海西女真、东海女真等。

其中，建州女真又分建州左卫和建州右卫。努尔哈赤他们家族是明朝世袭的建州左卫的首领。建州右卫的指挥使是王杲，他整天跟明朝廷作对，不仅杀害明朝官员，还总想进犯明朝的领土，结果把李成梁惹毛了。李成梁直接把王杲生擒送到京城，强行让他提前“投胎”。

王杲虽然死了，不过他的儿子阿台却侥幸活了下来，经过几年的发展，他又成了地方一霸。后来阿台娶了努尔哈赤的堂姐，他继承父亲的遗愿，也开始了跟明朝对着干的“寻死之旅”。对待阿台这样的敌人，李成梁的作战思路向来很明确，那就是斩草除根。

于是，在万历十一年（1583 年）二月，李成梁发兵两万，联合图伦城主尼堪外兰准备攻打阿台。努尔哈赤的爷爷觉昌安害怕努尔哈赤的堂姐受牵连，带着努尔哈赤的父亲塔克世一起去古勒城，想接孙女回家，但是阿台不放人。于是，父子二人也被困城中。

李成梁对古勒城久攻不下，这时尼堪外兰主动请求去招降，他欺骗城中的人说：“谁能杀了阿台，总兵大人就让他做城主。”古勒城中的人听信了尼堪外兰的话，杀掉阿台向明军投降了，可谁知等待他们的却是一场屠杀……而努尔哈赤的祖父觉昌安和父亲塔克世也在乱军中被杀害。李成梁其实属于间接害死努尔哈赤祖父和父亲的凶手。

总之，年纪轻轻的努尔哈赤当时已经没有别的选择了，他必须努力让自己加速成长。在得知祖父和父亲的死讯之后，他第一时间找到明朝官员讨说法，结果得到的回复是："这一定是个误会……当时现场很混乱，杀死你爷爷和你父亲的人一定是尼堪外兰……"努尔哈赤想要明朝交出尼堪外兰，但是明朝官员不肯。最后，明朝廷象征性地对努尔哈赤进行了安抚，赏了他三十份贸易许可证、三十匹战马和一份都督委任状。另一边，尼堪外兰却被明朝封为女真的国主，边外的女真人开始纷纷投靠尼堪外兰。

努尔哈赤本该愤怒，但他没有，他知道，只有自己先强大起来才有话语权。愤怒虽然有时可以给人力量，但懂得控制愤怒，会让人变得更加强大。

努尔哈赤身材魁梧，声音洪亮，记忆力惊人，勇力过人，加上后天的努力，所以武艺超群，射箭造诣非同小可。这样一个有着远大志向的人，不可能久居人下。而为了他远大的目标，在有必胜的把握之前，选择隐忍或许也是最好的选择。

努尔哈赤回到家中，散尽家财，带着祖父觉昌安留下来的十三副铠甲正式起兵，那年他二十五岁。他首先瞄准的就是盘踞在图伦城的尼堪外兰。虽然尼堪外兰势力很大，但努尔哈赤仍然打败了他。

努尔哈赤虽然势力不大，但很多族人都很忌惮他，所以屡次想要谋害他。

话说有一天，有刺客潜入，结果被努尔哈赤击倒了。努尔哈赤急忙叫身边的侍卫把刺客绑起来，侍卫也是个很耿直的人，表示："绑什么绑？直接弄死。"此时努尔哈赤的高明之处就显现出来了，只听他小声对侍卫说道："如果杀了刺客，他的主人就会公开与我作对，一旦对我们用兵，恐怕会陷入寡不敌众的困境。"

无论侍卫怎么劝，努尔哈赤最后仍然放了那个刺客。韬光养晦，在该发力的时候发力，以雷霆之势获得胜利，这才是努尔哈赤的风格。

努尔哈赤打起仗来，是个典型的硬汉，在史书中经常能看到他与敌人对射弓箭的场景。每当被敌人射中，他都是拔下身上的箭，然后射回去，而且通常都能克敌制胜。

努尔哈赤经过艰苦创业，努力拼搏，最后终于统一了女真。李成梁死后第三年，即 1618 年，努尔哈赤发布"七大恨"，正式向明朝宣战，后金迅速崛起。二十六年后，明朝灭亡，清朝入主中原，定鼎北京。

多么伟大，多么励志，多么传奇！而之所以能创造这一切，离不开他祖辈的“守护”，以及他自己的努力。其实我们每一个人都有祖辈们的守护，但这种守护通常都只眷顾努力的人，就像努尔哈赤这样。努力就像一个打开祖传宝藏的“钥匙”，如果你愿意试一试，也许就会有意想不到的惊喜。

11 孝庄

母亲当来不容易

人类早期经历过母系社会，那时候氏族的族长都是女性，因为那时女性从事的原始农业和家畜饲养比男性从事的狩猎收获更稳定，是可靠的生活来源。

而我们对女性也有着天生的崇拜。比如，黄河，我们永远都说她是母亲河，没有人说她是父亲河。对于母性美的崇拜，我们生活当中处处可见。所以下面我就来讲一个伟大的女性，她的身上处处体现着母性的光辉。

打开电视，现在影视剧里出现频率最高的朝代之一，可能就是清朝了。首先，这是封建王朝当中统治时期比较长的一个朝代；其次，这也是距离我们最近的一个朝代。在这段时期，出现了很多很有性格的帝王将相，而伴随他们的野史和传说也是多如牛毛。这就给我们的文艺工作者们创造了很大的发挥空间。只可惜，发挥着，发挥着，就把历史知识全给“挥发”了。

历史学者们看着电视，分分钟哭成了泪人，因为自己研究的历史知识完全用不上。毕竟有的电视剧就不是按照史实拍摄的。

而在清史题材的电视剧里，有一位女性一直特别引人注目，她就是孝庄文皇后，在下文里简称孝庄。

孝庄是蒙古科尔沁部人，姓博尔济吉特，名布木布泰，所以她的全名是博尔济吉特·布木布泰。这个名字实在太长了，自我介绍都属于体力活儿。

不过实际上，她的名字起得还是很有讲究的，布木布泰是天降贵人的意思。

孝庄对于大清王朝来说，的确是一个天上降下来的贵人。而且这个贵人降临的时间还挺早。孝庄嫁给皇太极第二年，皇太极就成了大汗。传说，孝庄生得貌美如花。那么，孝庄到底是不是一个绝代美人呢？

应该不是。从现存的孝庄画像上也能看出一些端倪来，孝庄长得确实很慈祥，但是绝对算不上绝世美人。而且皇太极为了笼络蒙古贵族势力，曾先后娶了来自蒙古的一后四妃。

虽然孝庄不是绝世大美人，但可以确定的是，如果没有孝庄，清朝的历史也许就要改写了。

孝庄，对于清朝来说，绝对是一个伟大的女性。但是要知道，伟大女性的成长过程是艰难的，有时候并不是当事人有意把自己培养成什么样子，而单纯是生活所迫。

孝庄有一个儿子福临，也就是后来的顺治帝。但福临这个皇帝当得一点儿也不顺利，因为他爸爸皇太极在驾崩之前还没有选定继承者。这一段就记录在《清史稿》里面："（崇德）八年秋八月庚午，太宗崩，储嗣未定。"

据说，皇太极白天还在处理政务，夜里就离开了人世。他死之前，没有留下任何遗言。这一切来得太过突然，王爷、贝勒们都没有准备。可即便是这样，皇位争夺战的号角还是在宫内悄悄吹响了。

此时，所有人的注意力都在皇位上，没有人注意那个三十一岁便失去了丈夫的可怜女人。虽然史书中没有具体描述，但她的悲痛是不难想见的。

不过，没有人在意她的眼泪，特别是在权力更迭的时期，眼泪根本不值一提，甚至无人相信。

孝庄也一样，虽然才刚刚失去自己的丈夫，但她却不能沉浸在悲痛中。因为时间不多了，为了自己儿子，她必须收起眼泪，为儿子谋划未来是一个母亲的本能。

当时，在清朝皇室中，有实力竞争皇位的只有两个人，一个是皇太极的长子豪格，另一个是皇太极的弟弟多尔衮。清太祖努尔哈赤曾下过一道遗诏，规定汗位继承人要由当时的满洲贵族来讨论决定。于是，八旗旗主、王爷、贝勒中比较有发言权的几个人就凑到一起开会了，来商讨清朝未来的领导人问题。

那么，这个真龙天子是谁呢？候选人之一的豪格条件不错，有勇有谋，容貌不凡，还射得一手好箭。另一位候选人多尔衮的条件也不错。

清军入关前的主力是八旗，分别是正黄旗、正白旗、正红旗、正蓝旗、镶黄旗、镶白旗、镶红旗和镶蓝旗。当时支持豪格的是正黄旗、镶黄旗。而支持多尔衮的是正白旗和镶白旗。双方实力不相上下，如果真要是斗在一起，必定两败俱伤。

无论是豪格，还是多尔衮，谁称帝都有可能引发内战，所以最后他们也许达成了某种协议，才选择孝庄的儿子福临为皇帝。

显然，福临的登基肯定也离不开孝庄背后的蒙古势力的周旋。孝庄和皇后（也就是她的姑姑）笼络各方势力，推举扶植九阿哥福临登上皇位。这就是母亲，为了孩子，可以爆发出不同寻常的力量，而此时的孝庄摇身一变已经贵为皇太后。

那么，孝庄从此就苦尽甘来了吗？眼看着顺治帝一天天长大，孝庄心中暗暗叫苦："哪有甜啊？"

顺治帝的婚姻问题一直是孝庄喝不完的苦水，因为孝庄为他选的每一位皇后，顺治帝都想废掉。

顺治帝十四岁的时候便有了第一任皇后，名叫博尔济吉特·孟古青，蒙古族。她是孝庄的侄女，据说不仅人长得漂亮，而且非常聪慧。这个女人优点突出，但缺点更突出，除了生活奢靡，挥霍无度，还有很强的妒忌心，宫里面哪个嫔妃都别想跟她争宠。最让顺治帝受不了的是她太能花钱了，穿的用的都要讲究，身上穿的衣服必须用珠玉装饰，吃饭用的都是金制餐具，只要有一件餐具不是金子做的，她就会大发脾气。顺治帝喜欢简朴，常常看到皇后到处浪费钱，顺治帝怎能不郁闷？

脑洞剧场

第一任皇后：“皇上你想什么呢？”

顺治帝：“我想给你改名。”

第一任皇后：“‘博尔济吉特·孟古青’这个名字不好吗？”

顺治帝：“我以后想叫你‘博尔济吉特·猛花钱’。”

没过多久，顺治帝就想到了废后，并且很正式地让大臣们讨论这件事。大臣们说：“如此美貌而聪慧的皇后，您要废掉，总得给我们个理由吧。”后来顺治帝给出了对这个女人的终极评价：“无能。”

我的天哪，“无能”这评语堪称“赶尽杀绝”啊。不光皇后受不了，群臣也是反对的。但没有办法，顺治帝主意已定，最后还是废了第一任皇后。

孝庄没有放弃，马上帮助顺治帝选了第二任皇后，也是蒙古人，她还是孝庄娘家的侄孙女，此人最大的特点就是没特点。为人忠厚，不会逢迎，这让顺治帝早早就下定决心："废了吧。"可这回孝庄不愿意了，因为这关系到满蒙的联姻，还有大清江山的稳定。所以顺治帝第二次废后没有成功。

后来，顺治帝又想立自己的挚爱董鄂妃为皇后，折腾了不知道多少个回合，最后在董鄂妃死后加封她为皇后。可那时第二任皇后还在世，这其中孝庄费了多少心，就不用多说了。

顺治帝的一生好像就是不停地在跟孝庄安排的包办婚姻作斗争。孝庄本以为，这样折腾的日子还会继续下去，可没想到，命运此时跟她开了一个大大的玩笑。因为人的生命在死神面前没有高低贵贱，而这一次，死神决定带走孝庄唯一的儿子。

于是，四十八岁的孝庄皇太后，又一次失去了自己的至亲。

有句话叫"逝者已矣，生者如斯"。意思是说：死去的人已经永远地逝去了，活着的人应该像往常一样好好生活。但很多时候是逝者已矣，生者却难以如斯。

孝庄大概从来没想过，自己有一天会白发人送黑发人。她一定很绝望，那空旷的皇宫里毫无温度，难以抚慰她冰冷的心，唯一能做的也许只有无助地嘶吼：“福临！你怎么舍得离开额娘？额娘就你这一个儿子，你怎么舍得啊！福临！福临……”

然而孝庄还得坚强地活下去，也必须勇敢地活下去，因为顺治帝的儿女们还指望着她抚养。

顺治帝即位的时候仅六岁，而康熙帝即位的时候是八岁。对于孝庄来说，他俩有一个共同的特点，就是都不让人省心。如果顺治帝的婚姻问题算“内患”的话，那康熙帝的情况就是“外忧”。

当皇帝年幼的时候，所谓的受皇帝遗命辅佐新君的辅政大臣反而是新君最大的威胁，鳌拜就是一个例子。在国事的处理上，康熙帝显然没有久经风雨的孝庄有经验，所以康熙帝经常求孝庄为自己出谋划策，这些都记录在《清史稿》当中：“太后不预政，朝廷有黜陟，上多告而后行。”

虽说孝庄不干预朝政，但康熙帝都愿意先跟孝庄商量之后再去执行。除鳌拜、平三藩，在康熙帝早期执政的过程中，孝庄都发挥着举足轻重的作用。

就这样，年幼的康熙帝在孝庄的呵护和帮助下，慢慢成长起来，蜕化为一代明君。每每想到这里，孝庄应该都会安慰许多。

只不过，再坚强的身体和灵魂，终究还是无法逃脱自然的法则，年迈的孝庄体弱多病，再不能做子孙的保护伞了，她倒下了……

即便康熙帝动用了所有的力量，却依然没能挽留住祖母的生命，孝庄永远地离开了这个世界。也许当她看到长大之后的康熙帝已经成熟起来，看到那双原来牵着自己的小手，如今已经变成了一双有力量的大手，她走的时候应该会带着微笑吧……

孝庄一生经历了太多风雨，一个个至亲的离去，让这个女人的心也一次次地破碎。然而她必须坚强起来，因为还有幼小的生命需要她，想要依靠她，于是她忍住了自己的泪水，咬着牙跟命运对抗，绝不屈服。即便自己已经遍体鳞伤，可她却依然颤抖着拉起那个小手，一点点地往前走。

这就是母性的力量，这就是母亲，面对危险却依然会选择保护我们的母亲，哪怕身心俱疲，却依然坚强地站在我们身前的母亲。

12 吴三桂

人生关键节点的选择得走心

世界上有一个定律，我们想得到的任何东西都要付出努力，无一例外。大家仔细想想，努力意味着什么？意味着付出。付出的又是什么呢？那就是代价。无论选择的方向对还是错，都会对我们今后的发展产生影响。

在吴三桂不同的人生阶段，他有不同的愿望，于是他心甘情愿地付出代价，换来当时想要的东西。

吴三桂的父亲吴襄是商人出身，由于生意做得一直很稳——稳定地赔，所以他果断选择转行当兵。

之后，吴襄的事业才开始有点起色，当上了明朝宁远总兵，宁远是明朝在山海关外的一个军事重镇。而吴襄在关外当兵时，他的上司是祖大寿。祖大寿的家族是世居辽西的将门望族，凭借与清朝的作战，声望和官职迅速上升，他后来成为明末抵御清朝的一名悍将，最后也官至总兵。吴襄还娶了祖大寿的妹妹。这样，吴三桂他爹是总兵，他舅舅也是总兵，因此吴三桂的背景还是很雄厚的。

吴三桂就是在这样浓烈的军事氛围里长大的。但是吴三桂没有放任自己，有想法、有野心的他对自己一直是高标准、严要求，在很小的时候，他就武艺超群，精通骑射。所以当崇祯皇帝登基后开科取士，他轻轻松松就夺得了武举人。

不得不说，吴三桂确实是一个有能耐的人。话说，在正在崛起的后金和明朝频繁交战的那段时间里，有一天，吴三桂的父亲吴襄带领数百人外出侦察敌情。结果走着走着，忽然遇上了有上万人的八旗军队。八旗军队那边一看，对方就这么点人，心生怜悯："先别打了，这么点人稍微一打就没了。我们戏耍他们一会儿吧。"

于是，这帮八旗兵采取了围而不攻的策略，也不打你，就把你围上，看你投降不投降。

脑洞剧场

吴襄看了看对方的阵势，点了点头，很自信地说道：“我们肯定打不过！”

吴襄的手下们也吓毛了，说：“总兵，遇到现在这种情况，一般来说，我们应该怎么办呢？”

吴襄：“遇到这种情况，一般来说，我们得跑啊。”

手下：“那咱们怎么不跑呢？”

吴襄：“你废话，能跑我早跑了。”

手下：“是啊，对方围得太严实了，密不透风，我感觉都有点缺氧了。”

上面是编的，下面说真的。当时的情形十分危急。吴三桂的舅舅祖大寿听说八旗兵人多势众，也不敢派兵救援。

眼看着父亲被困，吴三桂万分焦急。这时他主动向祖大寿请战，心中只有一个念头，父亲身陷敌阵，做儿子的怎能无动于衷。但是祖大寿不同意。

于是，吴三桂就带着二十个家丁，偷偷地溜出了城，一心要救出父亲。出城之后，吴三桂提刀上马，亲自居中，左右各置家将一人，其余的十八骑分列两翼，说话间他们就冲进了敌人的包围圈。后金军一看突然冒出来二十多个明军，都傻了，数了半天，就二十一个人，他们就这么杀过来，是忘吃药了，还是吃错药了？

谁也想不到，吴三桂带着区区二十个家丁就敢跟上万的敌人较量，他爸爸吴襄带的随从都比他带的铁骑多，人家到现在都乖乖地没动过，可见吴三桂的胆量。

就在八旗兵一愣神的工夫，吴三桂挽弓搭箭，一下子就射中了一个后金将领。那位将领在躲避中，从马上摔了下来。

吴三桂心想："好歹死的是一个将领，别糟践了，让我拿了他的首级回去领赏吧。"他打马向前，弯腰准备取那将领的人头，谁知那将领突然跳起，挥着一把短刀刺中了吴三桂的鼻梁。

这个故事就记录在清朝刘健所著的《庭闻录》里面："桂中鼻，血流被面；卒斩其首，携之归。"意思是说，吴三桂的鼻子受伤了，当时满脸都是血，但这时候他也顾不得鼻子上的伤，手起刀落解决掉那个将领。

当时的吴三桂心里只想着要救父亲，所以他不计代价，不想后果，带着区区二十人就敢冲入敌阵。事后想来确实凶险万分，可要没这惊险，也难以成就那如同传奇一般的战斗。

当时，岁数不大的吴三桂，名气本来就已经很大了，再加上他英勇救父的事迹，名气就更大了，以至于都传到了皇太极的耳朵里。他对吴三桂赞不绝口，说："要是让我得到了这员猛将，还愁得不到天下吗？"事实上，在历史上，皇太极还真给吴三桂写过劝降信。

只不过早些时候，吴三桂和后金（也就是后来的大清）是敌对关系，而且吴三桂在明朝混得也不错，官也是越做越大。直到闯王李自成的出现。

明朝在崇祯皇帝登基以前，整个国家就已经大厦将倾，四处透风，跟破烂儿一样。而崇祯皇帝登基之后，他基本已无力回天。国家穷，皇帝穷，天灾不断，老百姓也穷，国家连年在东北用兵，百姓的日子就更不好过。于是，全国各地农民起义频起，西边一伙儿，东边一窝儿，南边一队儿，就这样，活不下去了的一帮人凑到一起，准备推翻明朝的统治。明朝内地的军队疲于奔命，刚镇压了东边的，西边的又壮大了。

而李自成就是西边农民起义军的首领。他也是一个百折不挠的人，起义了很多回都被明朝官军镇压了。他的出现最后导致明朝在“破烂儿”的基础上，顺利升级为“不如破烂儿”。摇摇欲坠的明王朝，已经经不起像李自成这样的人折腾了。

李自成建立了农民政权大顺，没过多久就攻入了京城，接着崇祯皇帝煤山自尽。当然，此时的大清依然保持着对中原的极大兴趣。

虽然吴三桂已经今非昔比，现在他的手上掌握着关外的大批军队和重量级王牌关宁铁骑。但是他感觉到了前所未有的尴尬。

怎么办？该帮谁呢？他本来是效忠崇祯皇帝的，结果崇祯皇帝自挂东南枝了。

帮闯王李自成吗？要不是他乱闯，崇祯皇帝能自挂东南枝吗？

难道帮大清？也不行啊，他们可是外人。

在这之前，吴三桂的舅舅祖大寿已经投降大清了，祖大寿原来的部下张存仁代表大清给他写了封信，劝他投降，但是吴三桂没同意。虽然他当时没有投降，但也给后来降清留了后路。

后来，李自成的信来了。当时李自成攻破北京城，居住在北京的吴襄落到了他的手上，所以是吴襄代表大顺给他写的信。而且李自成很有诚意，还给吴三桂送去了四万两银子作为军费。权衡利弊之后，吴三桂向李自成投降了。但是没想到后面横生枝节，因为吴三桂收到了一个坏消息。

这个消息就记录在《清史稿》中：“闻其妾陈为自成将刘宗敏掠去，怒。”意思很直白，这是说，吴三桂的爱妾陈圆圆被李自成的手下刘宗敏给抢走了，他一下子就怒了。本来他已经将山海关交给李自成的将领和部队驻守了，得知这个消息之后，他又杀回来了，把李自成的军队一顿毒打。

吴三桂表明态度之后，李自成也不是吃素的，亲自带领人马，想把吴三桂直接打跪下。据《清史稿》和《明史》上说，李自成带了二十万人，这一仗要是打起来，吴三桂心里也没底，毕竟人数上自己就处于劣势。

于是他开始勾结大清的多尔衮，并提出条件：如果多尔衮来援助，那么可以黄河为界分治。

吴三桂的欲望有点抬头之势，他开始把目光瞄向那至高无上的王座了。可惜的是大清没有给他那个机会，人家就慢悠悠、慢悠悠地来援助，等吴三桂和李自成打得精疲力尽的时候，多尔衮才带着人马出现。那时候眼看吴三桂就要跪了，此时，多尔衮提出条件，必须投降大清，才帮他。

吴三桂对王权的追求最终还是输给了活下去的渴望，他匆忙地做出了选择，投降了大清，连被李自成俘虏的家人都顾不上了。事后李自成毫无悬念地杀掉了吴三桂的家人，包括他的父亲吴襄。为了保命，曾经的少年英雄吴三桂，如今因为献出山海关投降清朝，背上了卖国贼的骂名。

这些后果，不知道吴三桂可曾想到过。然而现实已经容不得人回头了，做了选择，就要承担由此造成的后果。原来的明朝大将军，如今却成了大清的功臣，吴三桂被封为平西王。

当欲望的翅膀慢慢张开，此时的吴三桂想要从清朝手中获得真正的好处。为了博取清朝的信任，他立下了不少功劳，平掉了李自成的余部，消灭了张献忠率领的另一伙农民起义军，就连南明的永历帝都是他下令杀死的。

在这个过程中，他也从中得到了很多实惠和好处，朝廷让他开藩设府，坐镇云南，他的职务也一升再升，晋为亲王，兼辖贵州，权力和声望都达到了顶点。在吴三桂的地盘，官员的去留升迁都是他说了算，连皇上都要给他面子，睁一只眼闭一只眼，当时朝廷给云贵两省的文件上都写着“听王节制”四个字。

与此同时，他还以重金收买在京的官员以及各省官吏，让他们为自己效劳。他还招纳了李自成、张献忠余部，并增强军队的战斗力。吴三桂的势力之大，可想而知。

发展到这个地步，所有的局中人，都开始进行着自己的计划了。清朝已经是康熙皇帝统治了，他想方设法地限制吴三桂的权力，而吴三桂这边，则羽翼已丰满，坐等时机闹翻天。

接下来摆在朝廷和吴三桂面前的选择，那就是撤不撤藩。

对于这个问题，当时的统治者康熙皇帝说了一句至关重要的话，这句话就记录在《清史稿》中：“三桂蓄异志久，撤亦反，不撤亦反。不若及今先发，犹可制也。”康熙皇帝的意思是，无论撤藩不撤藩，吴三桂都会造反，既然都会反，不如我先出手，也许还能制住他。不久，迫于清政府的强势态度，长达八年的三藩之乱爆发了，而吴三桂即将面对的就是做出选择后所要承受的后果。

吴三桂起兵后，留在京城的儿子吴应熊和孙子吴世琳被朝廷下令处死。还做着皇帝美梦的吴三桂忽然发现，未来的“皇太子”没了。接着是军事战略失败，吴三桂身死衡阳，而整个家族也因此遭到灭顶之灾。当吴三桂做出起兵作乱的选择时，他也许没有想到这一切最终会让他输掉了所有，这些全部都是他为自己的错误选择付出的代价。

13 纪晓岚

最熟悉的陌生人

如果妙语连珠是优点，为什么有个成语叫“言多必失”？如果少言寡语遭嫌弃，为什么古人还讲究“惜字如金”？

聪慧加上好口才，这就相当于手握两大“法宝”，基本可以让人达到做事事半功倍的效果。但有些人虽然手握“法宝”，却未必能使用得当。

在清朝，纪晓岚也是一个拥有“法宝”的人，按理说，他身居庙堂，应该有不少高端大气的朋友，但他却为此得罪了不少人，谁让他这“铁齿铜牙”不饶人呢。

提到纪晓岚，有些人可能会首先联想到张国立饰演的那位幽默机智、风流倜傥、调皮可爱的大叔。从现在开始，请把你脑子里那个“纪晓岚”的脸抹掉，看看历史中的纪晓岚，这位最熟悉的陌生人究竟是怎样一步步获得“容易得罪人”的体质呢？

说起纪晓岚这个人，他从小就被人称为神童，学习成绩好，脑子很聪明，还擅长对对联。有一天，年幼的纪晓岚和五六个小伙伴一起踢藤球，这种藤球，顾名思义就是用藤条编的球，只不过是空心的。玩法是不能让球落地，且不能用手，可以用脚。

不巧的是，他们刚好踢中了路过的知府轿子。这下可坏了，那可是朝廷命官的轿子。纪晓岚身边的小伙伴都吓跑了。等他回过神来的时候，心说：“唉，人呢？”他也没想太多，就想着把这个藤球给拿回来。只见这时，知府大人从轿子里走出来，把藤球捡了起来。

脑洞剧场

纪晓岚：“还我藤球。”

知府大人：“想要球好说，能对上对子来就给你。”

纪晓岚："那你出上联吧。"

知府大人："童子六七人，唯汝狡。"

意思是说，六七个孩子里，就你最狡猾。

结果纪晓岚回道："太守两千石，独公……独公……"

知府大人："独公啥？想不出来了？"

纪晓岚："要是把球还我，就是独公廉；要是不还我，就是独公贪。"

知府哈哈大笑："那我必须得还你啦。不然我就贪个球了。"

总之，纪晓岚从小口才就好。凭借着聪明才智，他在学业和工作方面都算顺利，最终竟然让他一步步地走到了乾隆皇帝的身边。可后来就没有那么顺利了，因为纪晓岚太容易得罪人了。

在影视剧里，纪晓岚和和珅这两位应该是乾隆皇帝的左膀右臂，他俩乾隆皇帝谁也离不了，都很喜欢。可历史上的真实情况就不是那么回事了。

喜欢和珅是不假，因为据说和珅长得很好看，看着就赏心悦目。至于纪晓岚，乾隆皇帝却怎么也喜欢不起来，不为别的，就因为他颜值低。这回纪晓岚倒不是用嘴得罪皇上的，他用的是“脸”。

关于乾隆皇帝对纪晓岚的态度，历史学家邓之诚先生曾说过这样一段话，他说，乾隆皇帝用人“颇以貌取，文达（纪晓岚）貌寝短视，且江北人，故不为纯帝（乾隆皇帝）所喜”。

这是说乾隆皇帝用人的时候，比较注重容貌，对大臣们的第一个要求就是养眼。貌寝短视是什么意思呢?就是说，纪晓岚不但长得不好，连眼神也不好。估计是平时看书比较狠，视力差。

但其实如果大家了解清朝的选人流程就应该能明白一点，那就是纪晓岚最起码不会特别丑。想一想，纪晓岚可是通过层层科举考试选拔上来的官员，据说，其间还会有类似口语表达、形体的检查项目，为的就是避免选上的官员，形象上太对不起皇上。万一有他国使臣来访问了，看见朝堂之上，有那么几个不太容易让人接受的长相，这就影响国际形象了……所以，应该还是有一定标准的。

所以综上所述可以知道，纪晓岚长得虽然比不上和珅，但应该也还可以。

跟纪晓岚有数十年交情，嘉庆皇帝的老师朱珪曾为纪晓岚作了一首诗，大概是想夸纪晓岚。

河间宗伯姹，口吃善著书。
沉浸四库间，提要万卷录。

从字面非常好理解，这四句其实是简单介绍了纪晓岚的个人资料。朱珪认为，纪晓岚的文化水平很高，而且一心一意地编纂四库全书，是个有追求的文艺青年。可惜朱珪的诗还是出卖了纪晓岚，因为里面有一句“口吃善著书”。

按理说，朱珪的话还是比较可信的，作为嘉庆皇帝的老师，他应该知道什么叫谨言慎行。如果他的说法成立，这就说明，纪晓岚有口吃的毛病。

通过电视剧，我们知道，纪晓岚有一个外号，叫作“纪大烟袋”。无论去哪儿，无论干什么，纪晓岚都烟不离手，但这可不是好事儿，因为伤身体。

据说，当时乾隆皇帝不喜欢大臣们抽烟，要说也是，哪能让“九五之尊”天天吸二手烟呢？所以看到哪个臣子抽烟，乾隆皇帝就不高兴。为了不惹怒万岁爷，很多

有趣
书
故事

人就想办法戒烟。可纪晓岚戒不了。

这一天，纪晓岚在办公室忙活完，准备吸会儿烟休息一下，刚点上吸了一口，这口气还没来得及吐出来呢，就听外面太监来了一嗓子："宣纪晓岚觐见——"

"啊？咳咳咳……"这可把纪晓岚给吓坏了，"完了，皇上最不喜欢别人抽烟了，这可怎么办？"急中生智，纪晓岚连忙把这个烟袋插进了鞋筒里。

清朝官员们穿的靴子不是鞋筒高嘛，把烟袋放鞋里面，这谁还看得着啊？

藏好了烟袋，于是他就去见皇上了。平时皇上也就交代点工作，然后就把纪晓岚给打发了。可今天倒好，乾隆皇帝变得很喜欢和他唠嗑，似乎还颇有想多唠一会儿的意思。

脑洞剧场

一开始，谈话也是在愉快的氛围中展开的，纪晓岚那边还挺美："你看，皇上终于开始重视有内涵的人了。平时总找小鲜肉，偶尔也得换换口味。一定是我的幸运烟袋起的作用，我的烟袋就藏在我的鞋里，嘿嘿，谁也看不着。哎哟！糟了！我的鞋子点着了！"

聊着聊着，乾隆皇帝发现纪晓岚的脸色有点不对，问道："纪晓岚，你这脸色怎么红了？"

"精神焕发。"

…………

"怎么又黄啦？"

"着火了！"

乾隆皇帝只好赶紧让他出去自行灭火。

这乾隆皇帝能不生气吗？皇上不喜欢大臣抽烟，可纪晓岚倒好，不光自己抽，连鞋子都抽上了。往小了说这叫不成体统，往大了说不就是跟皇上对着干吗？

所以，纪晓岚在皇上那里不受宠，可能也不光是因为长相。

据说，纪晓岚这个人不仅胖，还特别怕热，一到夏天就整天汗流浃背，衣服全都湿透。所以每当他回到值班的书房，就马上脱下衣服纳凉。久而久之，这事后来就让乾隆皇帝知道了，乾隆皇帝可能觉得不捉弄一下纪晓岚这说不过去。

有一次，乾隆皇帝找了一个机会，在纪晓岚和同僚们一起光着膀子谈笑的时候，乾隆皇帝假装什么都不知道，突然闯入。所有人都吓得赶紧披上衣服，可怜纪晓岚视力不好，直到乾隆皇帝快走到他面前，才明白发生了什么。这时候也来不及穿衣服，赶紧钻到乾隆皇帝的座位下面，喘着气也不敢动。乾隆皇帝是个很有“耐心”的人，他一屁股在那坐了俩小时，也不说话。纪晓岚实在受不住酷热，只好把脑袋伸出来问道：“老头子走了吗？”

此时，纪晓岚的耳朵里传来了人们的笑声，可听了两声就觉得不对，因为里面好像有皇上的笑声，就听乾隆皇帝说：“纪晓岚实在没有礼数！居然说出如此轻薄的话！今天你要是能给朕个理由就算了，不能的话就等死吧！”

谁知纪晓岚淡然地说：“臣还没穿衣服呢。”乾隆皇帝就命人给他穿好衣服，然后纪晓岚趴在地上。乾隆皇帝厉声道：“说吧！‘老头子’这三个字怎么讲？”只见纪晓岚从容地脱下帽子，叩头说道：“万寿无疆之为‘老’，顶天立地之为‘头’，父天母地之为‘子’。”如此解释，倒像是夸赞乾隆皇帝的话了。史书记载，乾隆皇帝听后确实很高兴。

揭开历史的真实面纱，才发现那时的大才子纪晓岚，既没有和珅权力大，也没有和珅讨皇帝喜欢，更没有和珅长得好看。但他的确非常有才。

那么，纪晓岚为什么名气会这么大呢？大体有三个原因。首先，他多次出任考官，门生遍地。其次，他编修《四库全书》，天下皆知。还有一个原因恐怕就是老百姓靠“猜”为他编的传说。只不过虽然传说很多，但有真有假，不能全信。

楚河说历史

让孩子轻松读懂的历史书